한국직업능력연구원 제2016-004415호 자격
검정주최 : (사)한국커피바리스타협회

COFFEE

NCS 기반

커피바리스타 2급
통합이론 (1급·2급) 문제집

국가직무능력표준(NCS) 바리스타 능력단위에 기반한 자격취득 대비

최종대 · 김영아 · 임은정 · 곽봉준 공저

BARISTA

도서출판 한수북스

Coffee Baristar
머리말

-개정증보판에 부쳐-

우리나라 커피 산업 규모는 2006년 약 3조원대였던 것이 2017년 10조원을 첫 돌파하고, 2021년에 13조원이 넘을 것으로 예상하고 있다. 이는 세계에서 미국과 중국에 이어 3위에 해당하는 규모로서 커피류 수입량도 2020년 한해 기준 17만 6천톤, 수입금액은 7억 3천 8백만 달러(한화 약 8천 2백억원)에 이르러 가히 「커피 공화국」으로 부르는 것이 어색하지 않은 수치이다.

외형적으로 커피 산업의 규모가 확대되어 간다는 사실은 내적으로 해당 분야의 종사자가 증가한다는 것이다. 사이즈가 커짐에 따라 이 산업의 가공, 교육, 기구, 부자재, 인테리어 산업 전반에 커다란 변화가 일어나고 있다. 커피 직종에도 여러 가지가 있겠지만 그중에서도 고객을 직접 응대하고 커피음료를 서비스하는 바리스타 직종은 초반에 소수 사람들의 전유물처럼 여겨 오다 오늘날 청소년에서부터 중장년, 노년층에 이르기까지 선호되고 있으며 특히 노년층, 장애인 등의 취약계층이 당당히 사회로 진출할 수 있는 훌륭한 창구 역할을 해내고 있다.

이에 발맞춰 정부도 국가직무능력표준(NCS)에 바리스타 직종을 포함시켜 능력단위를 설정하였고, 바리스타 교육을 원하는 국민들에게 국비지원 프로그램을 활용할 수 있도록 함으로서 저변을 확대 하였다.

NCS란 개인이 자신의 업무를 성공적으로 수행하기 위해 요구되는 직무능력(지식, 기술, 태도 등)을 과학적이고 체계적으로 도출하여 표준화한 것으로서 (사)한국커피 바리스타협회(KcBA)가 시행하는 '커피바리스타 자격(등록번호 제2016-004415호)'의 검정체계는 이러한 NCS가 요구하는 능력단위별 요소에 가장 걸맞게 이루어져 있다.

도서출판 한수에서는 (사)한국커피바리스타협회의 검정체계에 따라 NCS의 능력단위 요소를 최대한 반영하여 이론서와 문제집을 편찬하였고, 커피바리스타 자격취득에 도전하는 많은 분들에게 충분한 안내서가 될 수 있도록 꾸몄다.

또한 이번 개정에는 지금까지 발전해 온 커피기술과 커피머신 분야에도 좀 더 자세한 내용을 수록하였고, 자격시험 응시에 필요한 이론적 지식에 더하여 바리스타가 된 이후 현장에서도 도움이 될 수 있는 내용들을 추가하였다.

그리고 수험생들의 편리성을 고려하여 이론서, 2급 문제집, 1급 문제집으로 분권하여 출간하였다.

끝으로 커피바리스타 자격취득에 걸맞게 설계된 이론서와 문제집이 교수, 강사 및 수험생들에게 실제적 도움이 되길 진심으로 바라며, 마지막으로 2014년 2월 초판이 나온 이래 개정증보판이 출간될 수 있도록 힘써주신 관계자 여러분들에게 심심한 감사를 표한다.

저자 일동

제1편 커피 바리스타 2급 예상 문제

제1장 커피학 개론 • 18
제2장 커피 기계학 • 26
제3장 커피 추출 • 34
제4장 매장관리 서비스 및 창업 • 43

제2편 커피 바리스타 2급 실전문제

커피 바리스타 2급 실전문제 제1회 • 56
커피 바리스타 2급 실전문제 제2회 • 66
커피 바리스타 2급 실전문제 제3회 • 76
커피 바리스타 2급 실전문제 제4회 • 86
커피 바리스타 2급 실전문제 제5회 • 96
커피 바리스타 2급 실전문제 제6회 • 106
커피 바리스타 2급 실전문제 제7회 • 116
커피 바리스타 2급 실전문제 제8회 • 126
커피 바리스타 2급 실전문제 제9회 • 136
커피 바리스타 2급 실전문제 제10회 • 146
커피 바리스타 2급 실전문제 제11회 • 156
커피 바리스타 2급 실전문제 제12회 • 166
커피 바리스타 2급 실전문제 제13회 • 176

Contents

제3편 커피 바리스타 1, 2급 통합문제

커피 바리스타 1, 2급 통합문제 제1회 • 188
커피 바리스타 1, 2급 통합문제 제2회 • 204
커피 바리스타 1, 2급 통합문제 제3회 • 220
커피 바리스타 1, 2급 통합문제 제4회 • 236
커피 바리스타 1, 2급 통합문제 제5회 • 252

자격 요강

커피바리스타 1급, 2급

📝 자격소개
　노동부와 한국산업인력관리공단이 개발하고 있는 국가직무능력표준(NCS)에 따라 산업현장이 필요로 하는 직무능력에 근거하여 객관적인 자격 기준을 권위있는 심사위원의 평가로 인정받은 자격.

📝 자격정보
- 자　격　명 : 커피바리스타 1급, 2급
- 자격의 종류 : 등록 민간자격
- 등 록 번 호 : 제2016-004415호
- 자격발급기관 : (사)한국커피바리스타협회

📝 검정과정

* 1급의 경우 신규 회원가입, 커피관련 경력자 및 타 자격 취득자는 본원 인증 필수입니다.
　단 본원 커피바리스타 2급 자격 취득자는 인증없이 접수 가능합니다.

📝 응시자격

〈1급〉

1. 커피관련 학과(또는 전공) 3학기(재학) 이상인 자.
   단, 관련학과란 식품, 호텔, 관광, 외식, 제과제빵, 식음료서비스 등을 말함.
2. 커피관련 교육기관 또는 산업체 실무경력 18개월 이상인 자.
3. 등급이 없는 커피바리스타, 바리스타, 홈바리스타 등 커피분야 자격 소지자.
4. 등급이 있는 커피바리스타, 바리스타 2급 등 커피분야 자격 소지자
   단, 위 사항은 자격기본법에 의거 등록된 자격임을 요함.

〈2급〉

1. 대한민국 국민이면 누구나 응시가능 학력, 경력, 연령 제한 없음.
2. 외국인도 응시가 가능하며, 단 통역은 본인 해결.
3. 장애인 필기시험 면제 신청 방법.
   - 필기 응시가 어려운 장애우분들은 소정기간의 교육을 이수하면 필기면제 가능합니다.
   ※ 단, 장애인 할인율 적용과 필기면제는 중복 적용되지 않습니다.
   - 서류 : 장애인교육기관의 신고필증, 장애인복지카드, 관련교육의 출석부(108시간 이상의 교육이수 확인)
   ※ 접수기간 내에 제출 시에만 적용 가능합니다.

 **자격검정**

〈1급〉

구분	검정과목	검정방법			합격기준	응시료
필기	- 커피학 일반 - 커피머신관리학 - 커피추출 일반 - 핸드드립과 라떼아트 이론 - 커피매장관리 및 창업	- 시간 60분, 60문항 출제 - 객관식 5지선다형			100점 만점 기준, 60점 이상	4만원
실기	- 핸드드립 2잔 - 라떼아트/메뉴조리 총 4잔 [카푸치노(하트), 카푸치노(나뭇잎), 카페마끼아또, 라떼마끼아또]	핸드드립 2잔			100점 만점 (핸드드립 40점, 라떼아트/메뉴조리 60점) 기준, 60점 이상 합격	6만원
		준비	조리	정리		
		3분	5분	2분		
		라떼아트2잔/메뉴조리2잔				
		준비	조리	정리		
		3분	6분	2분		

〈2급〉

구분	검정과목	검정방법			합격기준	응시료
필기	- 커피학 개론 - 커피기계학 - 커피추출원론 - 매장관리서비스	- 시간 50분, 50문항 출제 - 객관식 4지선다형			100점 만점 기준, 60점 이상	3만원
실기	- 에스프레소 1잔 - 카푸치노 1잔 - 카페 아메리카노 1잔 - 카페 라떼 1잔	총25분			100점 만점 기준, 60점 이상 합격	5만원
		준비	조리	정리		
		10분	10분	5분		

Coffee Baristar

실기 심사과정
실기검정 : 필기 검정에 합격한 자에 한하여 응시할 수 있다.

응시자 유의사항
1. 실기검정 당일 오전응시자는 9시(오후응시자 13시30분)까지 도착하여 당일 부여번호를 추첨하여 순번을 배정받아야 한다.
2. 실기검정 당일 9시 30분(14시) 이후 도착하는 경우 실기검정에 응시할 수 없다.
   단, 실기검정 시작시간(오전응시자 9시 30분, 오후응시자 14시) 이전 도착의 경우 배정된 부여번호의 마지막 이후 번호를 배정받고 응시할 수 있다.
3. 실기검정 응시자는 신분증과 수검표, 행주를 본인이 준비하는 것을 원칙으로 한다.
   단, 수검표를 지참하지 못한 경우 검정장에서 준비된 예비 수검표를 받아서 사용할 수 있다.
4. 실기검정 응시자가 접수한 검정 일자 또는 검정장을 변경하는 경우.
   한국커피바리스타협회 홈페이지로 본인이 직접 변경 신청하여야 하며, 평가원은 환불 규정에 의거 처리한다.
5. 응시자가 검정장에서 소란을 피우거나 불미스러운 행동을 하는 경우 1차로 경고가 주어지며, 2차로 불합격 처리된다.
6. 응시자는 실기검정 진행과정에서 커피기계 또는 커피 그라인더 등을 파손시키는 경우. 장비사용 미숙으로 불합격 처리되며, 장비수리에 발생되는 실비를 본인이 배상하여야 한다.
7. 실기검정 채점표는 비공개를 원칙으로 한다.

원서접수 방법
인터넷 접수.

합격자 조회 및 자격증 수령 방법
- 필기 : 당일 오후 14시 이후 인터넷을 통해 확인할 수 있습니다.
- 실기 : 검정일 이후 한주 지난 돌아오는 월요일 14시 전후에 확인 바랍니다.
- 자격증 수령 : 합격자 조회 시 최종 합격자에 한해서만 자격증 신청이 가능합니다.

커피마스터

자격소개
2013~2020년까지 8년간 428명 배출, 평균 최종합격률 22%, 커피분야 최고권위 전문가 자격.

자격정보
- 자격명 : 커피마스터
- 자격의 종류 : 등록 민간자격
- 등록번호 : 제2016-004429호
- 자격발급기관 : (사)한국커피바리스타협회

검정과정

1. 신규 회원가입, 커피관련 경력자 및 타 자격 취득자는 본원 인증 필수입니다.
2. 본원 커피바리스타 1급 자격 취득자는 취득 후 6개월 이상인 경우 인증없이 접수 가능합니다.

응시자격
1. 4년제 대학관련학과 졸업 후 실무경력 6월 이상인 자.
2. 2~3년제 전문대학 관련학과 졸업 후 실무경력 1년 이상인 자.
3. 직업전문학교 관련학과 졸업 후 실무경력 2년 이상인 자.
   단, 관련학과란 식품, 호텔, 관광, 외식, 제과제빵, 식음료서비스 등을 말함.
4. 커피관련 교육기관 또는 산업체 실무경력 3년 이상인 자.
5. 등급이 없거나 커피바리스타 2급 수준의 커피분야 등록 민간자격 취득 후 2년 이상인 자.
6. 커피바리스타 1급, 바리스타 1급 등 커피바리스타 1급 수준의 등록 민간자격을 취득한 자.
   기타 위의 사항과 동등한 자격이 있다고 (사)한국커피바리스타협회가 인정하는 자.

자격검정

구분	검정과목	검정방법	합격기준	응시료
필기	- 커피학개론 - 커피기계론 - 커피추출론 - 커피음료제조 - 커피매장경영관리	- 시간 80분, 80문항 출제 - 객관식 5지선다형	100점 만점 기준, 70점 이상	5만원
실기	**1단계:** - 생두선택, 로스팅한 원두와 프로파일 (로스트 로그) 제출 - 로스팅에 기초하여 본인이 추구하는 맛과 향 프레젠테이션 실시 - 제시한 맛과 향을 핸드드립 또는 싸이폰으로 2잔 추출로 표현 (두 가지 방법 중 시험 당일 무작위 선택된 방법에 따라 추출해야 함) **2단계:** 라떼아트 - [거품있는 카푸치노(하트, 로제타) 2잔 - [플랫 화이트(2단 튤립, 3단 튤립)] 각 1잔 **3단계:** - 분쇄도 조정(그라인더 셋팅) - 아이스 샤케라또(쉐이커 사용) 1잔 - 카페 콘판나(휘핑기 사용) 1잔 - 카라멜마끼아또(드리즐 포함) 1잔	1단계 준비 3분 / 조리 5분 / 정리 2분 2단계 준비 3분 / 조리 5분 / 정리 2분 3단계 준비 5분 / 조리 6분 / 정리 2분	1단계 60점 2단계 70점 3단계 70점 합산 200점 만점, 100점 만점 환산 70점 이상	8만원

OMR 답안지 작성 방법.

1. 수검번호, 생년월일, 답안 마킹은 반드시 컴퓨터용 사인펜을 사용합니다.
2. 본인의 응시종목, 문제유형을 정확히 표기합니다. (오기 시 불합격 처리될 수 있습니다.)
3. 컴퓨터용 사인펜 표기는 ● 같이 하십시오.
   (답안 작성 오류로 인한 감점에 대한 책임은 응시자 본인에게 있음을 알려드립니다.)
4. 답안지는 구겨지지 않도록 하며 상단 양쪽의 엔커 마크(■)를 훼손해서는 안됩니다.

시험진행 방법.

1. 커피마스터 필기시험 시간은 80분입니다.
2. 시험시간 종료 후 절대 답안지 마킹 및 작성이 불가합니다.
3. 답안지 제출 시 OMR 답안지 감독관 확인란에 서명 날인을 받았는지 확인합니다.
4. 응시자는 검정 시 휴대폰 및 MP3, 전자사전 등을 지참할 수 없습니다. (적발 시 강제 퇴실 조치)
5. 응시자는 부정행위시 당해 검정이 무효가 됨은 물론 향후 3년 간 응시 자격이 제한됩니다.
6. 검정실 질서 유지를 위하여 검정에 방해되는 행위에 대해서는 강제 퇴실이 가능하며, 해당 시험은 무효 처리됩니다.
7. 실기검정 당일 오전응시자는 9시까지 도착하여 당일 부여번호를 추첨하여 순번을 배정받아야 한다.
8. 실기검정 당일 9시 30분 이후 도착하는 경우 실기검정에 응시할 수 없다.
   단, 실기검정 시작시간(오전응시자 9시 30분) 이전 도착의 경우 배정된 부여번호의 마지막 이후 번호를 배정받고 응시할 수 있다.
9. 실기검정 응시자는 신분증과 수검표, 행주를 본인이 준비하는 것을 원칙으로 한다.
   단, 수검표를 지참하지 못한 경우 검정장에서 준비된 예비 수검표를 받아서 사용할 수 있다.
10. 실기 검정 응시자가 접수한 검정일자 또는 검정장을 변경하고자 하는 경우. 한국커피바리스타협회 문의답변을 통해 신청하여야 한다. 단, 원서접수 기간안에서만 변경이 가능하며 원서접수가 마감된 이후부터는 변경이 불가능하다. 또한 이로인해 응시하지 않는 경우 결시처리 된다.
11. 응시자가 검정장에서 소란을 피우거나 불미스러운 행동을 하는 경우 1차로 경고가 주어지며, 2차로 불합격 처리된다.
12. 응시자는 실기검정 진행과정에서 커피기계 또는 커피 그라인더 등을 파손시키는 경우. 장비사용 미숙으로 불합격 처리되며, 장비수리에 발생되는 실비를 본인이 배상하여야 한다.
13. 실기검정 채점표는 비공개를 원칙으로 한다.

원서접수 방법

인터넷 접수.

합격자 조회 및 자격증 수령 방법

– 합격자 조회 : 검정일 기준 마지막주 필기(월요일), 실기(금요일) 각 오전 10시 전후에 확인하세요.
– 자격증 수령 : 합격자 조회시 최종 합격자에 한해서만 자격증 신청이 가능합니다.

인터넷 ON-LINE 필기검정 응시방법 안내

- ■ 시행날짜: 매월(2회) 둘째 주, 넷째 주 토요일
- ■ 시험 시작 및 발표 시간

구분	시험시작	시험종료	합격자 발표
커피바리스타 2급		10:50	
커피바리스타 1급	10:00	11:00	시험 당일 14:00
통합 필기		11:20	

- ■ 인터넷 시험은 매킨토시, 아이폰 등도 호환 가능
- ■ 응시자는 장소에 구애받지 않고 PC나 모바일을 이용하여 응시 가능
- ■ 응시자는 처음 사용된 PC 또는 모바일로만 응시 가능(여러 대의 PC, 모바일로 동시 접속 불가)

Ⅰ. 컴퓨터(PC), 모바일에 의한 방법

- ■ 한국커피바리스타협회 홈페이지(HTTP://WWW.EKCBA.OR.KR/)에 접속한다.
- ■ 메뉴에서 "커피자격검정①"으로 들어간다.
- ■ 메뉴에서 "인터넷 필기 검정②"으로 들어간다.

 STEP 1

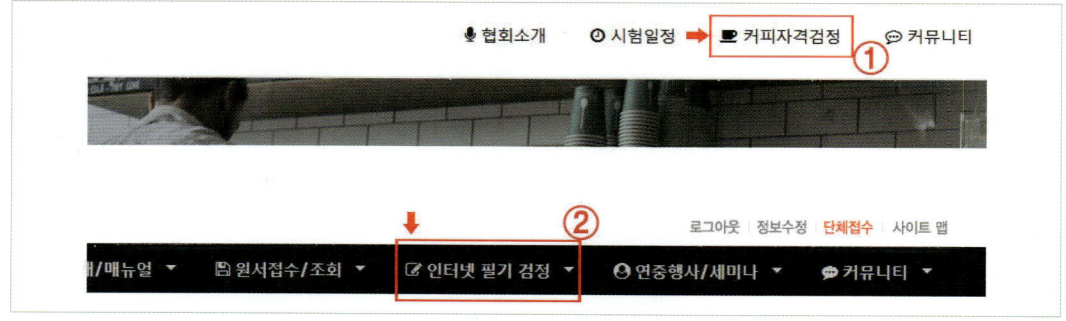

 STEP 2

- ■ 응시자 개인정보를 입력 후 확인을 누른다.
- – 이름: 반드시 응시자 본인 이름 기입
- – 생년월일: 1989년 1월 1일 생인 경우 -> 890101
- – 전화번호: 원서접수 당시 입력했던 전화번호를 입력해야 함

※ 필기 원서접수 당시 응시료를 납입했다면 수험번호가 자동 생성됩니다.
　만약 원서접수 마감일까지 응시료 미납 등의 사유로 수험번호가 생성되지 않은 경우 시험 당일 위 응시자 정보를 입력하더라도 '정보 없음'이 표시되며 시험을 치를 수 없습니다.
※ 응시자는 10:00 이전이면 언제라도 입장하여 응시자 개인정보를 입력한 후 대기할 수 있습니다.
※ 응시자는 서두르지 말고 시험 시작 10:00 이전에 미리 응시자 개인정보까지를 입력한 후 대기할 것을 권장합니다.

STEP 3

- 필기 검정일 오전 10:00에 '검정 시작'을 누르고 시험을 시작합니다.

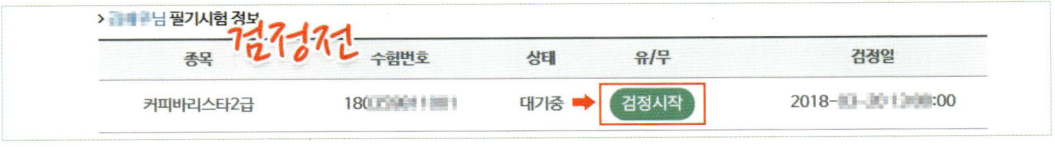

※ 10:00 이전에는 검정이 시작되지 않습니다.
※ 10:00 정각에 맞춰 '검정시작'이라는 버튼이 컬러로 바뀌면서 활성화 됩니다.
　이때 응시자는 컬러로 바뀐 버튼을 누르고 시험을 시작하면 됩니다.
※ 만약 10:00시 '검정시작' 버튼이 활성화 되지 않는 경우
　키보드의 'F5'(휴대폰의 경우 " 표시)를 누르면 새로 고침 되어 버튼이 활성화 됩니다.
※ 시험이 시작되면 디지털시계가 표시되어 남은 시간을 알려 줍니다.
- 문제지 확인 후 답안지에 답을 체크합니다.

STEP 4

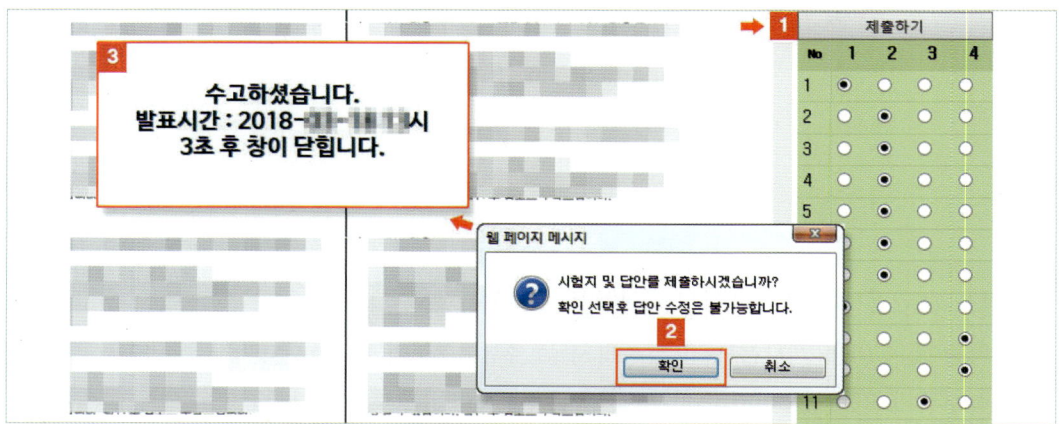

※ 왼쪽에 문제를 읽고 오른쪽 답안지에 답안을 체크합니다.

　　답을 잘못 입력했을 경우 곧바로 정답이라 생각하는 번호를 클릭하면 수정됩니다.

※ 시험 도중 오류나 버그가 발생하여 다운 등이 발생되는 경우,

　　당황하지 말고 다시 시험 절차를 진행하여 '이어하기'를 클릭하면 시험을 계속 진행할 수 있습니다.

※ '이어하기'는 시험 시간 지각없이 정상적으로 입장한 응시자에 한하여 가능합니다.

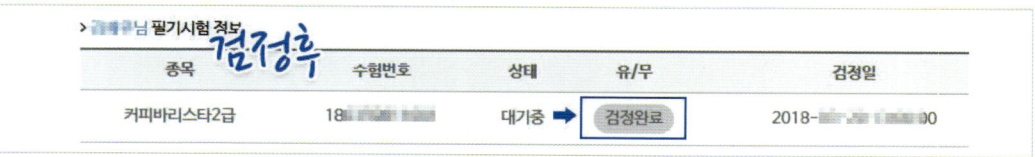

'이어하기'를 통해 시험을 다시 진행하는 경우 사고 발생 전 체크한 답안까지는 자동 저장되어 다음 문제부터 진행됩니다. (예, 8번 문제 답안 체크 후 문제가 발생해 '이어하기'로 진행할 경우 9번 문제부터 진행가능)

※ 답안 체크를 마친 경우, '제출하기'를 누릅니다.

※ 제출하기를 누르면 시험지와 답안지 제출 여부를 묻는 창이 뜨는데,

　　여기서 '확인'을 누른 경우 답안 수정이 불가능함으로 유의하셔야 합니다. (취소를 누르면 답안 수정 가능)

※ 정해진 시험 시간 전이라도 시험지와 답안지를 제출하고 마칠 수 있습니다. 제출이 완료된 경우 재차 입장할 수 없습니다.

※ 공공장소(PC방, 사무실 등)의 PC를 사용하는 경우 반드시 제출 후 로그아웃을 해야 합니다.

　　가정과 공공장소 모두 제출 후 로그아웃 할 것을 권장합니다.

※ 시험 시간내에 시험지와 답안지를 제출하지 못한 경우, 시험 종료시간에 맞춰 시험은 강제 종료되며 종료 시점까지 체크된 답안만으로 점수가 계산됩니다.

- 문제지와 답안지 제출하면 창이 닫히며, 합격자 발표 날짜와 시간이 공지됩니다.

STEP 4
검정 완료 합격자 발표일 확인

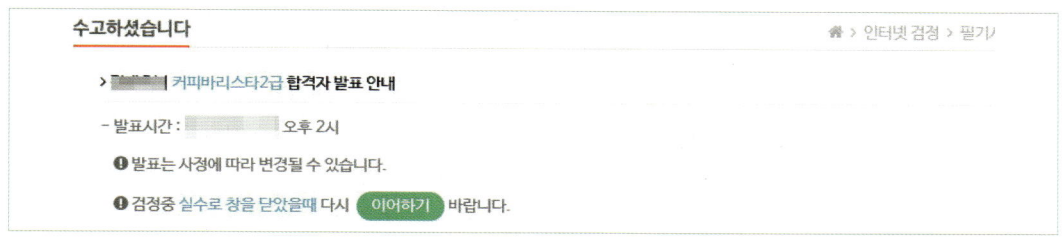

※ 시험지와 답안지를 제출하면 창이 닫히면서 '검정 완료'로 메뉴가 바뀝니다.
※ 합격 여부는 통상 시험 당일 14:00 (오후 2시)에 확인할 수 있습니다.

Ⅱ. 온라인 검정 시 응시자 주의 사항

- 위에서 시간이라 함은 한국표준시간을 기준으로 하며, 개인 사정에 따른 시간은 인정하지 않습니다.
- 개인 PC나 모바일 자체 시스템 문제(버그, 바이러스 감염 등)에 의한 검정 불이익은 책임지지 않습니다.
- PC나 모바일 등 기계조작 미숙으로 인한 검정 불이익은 책임지지 않습니다.
- 위 내용 외에 환불규정, 지각 응시생 불합격 처리, 부정행위자 처리 등등은 기존 필기시험 운영규정을 그대로 적용합니다.
- 시험지 및 답안지 특정부분이 보이지 않는 경우. 우선 진행중인 시험지/답안지 창을 닫은 후 아래 참조 바랍니다.
  (다시 시험 진행은 이어하기를 하면 됩니다.)

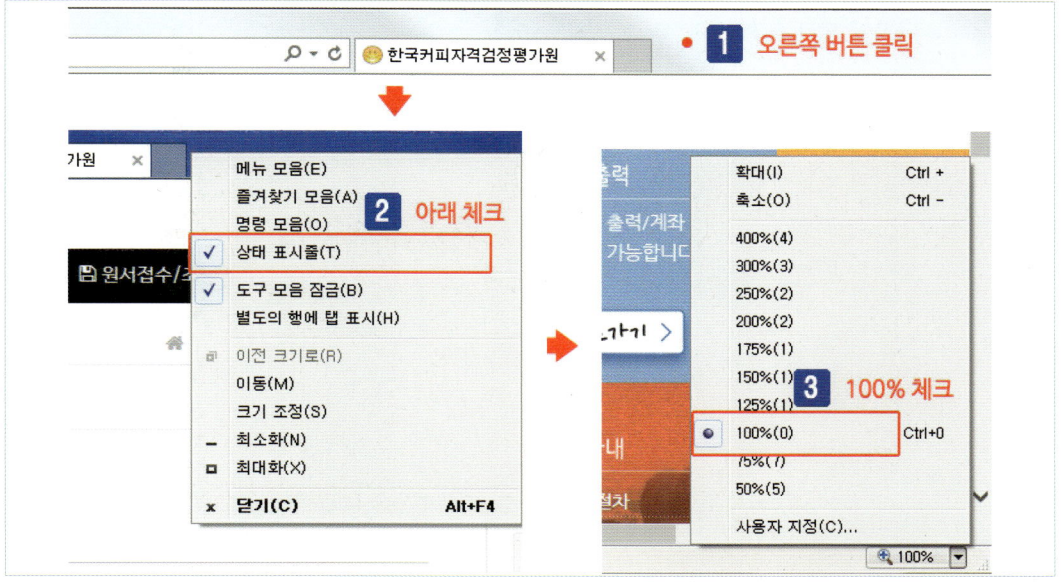

상세 내용을 원하시는 경우 홈페이지 (www. caea.or.kr) 공지사항에 있는 2급/1급 온라인(on-line) 필기시험에 따른 안내 말씀을 다운 받으시면 됩니다.

Coffee Baristar

제1편

커피 바리스타 2급
예상 문제

Coffee Baristar

커피 바리스타 2급 예상문제

제1장 커피학 개론

1. 에티오피아의 옛이름으로 옳은 것은?
  ① 아라비아　　② 아비시니아　　③ 카와　　④ 카베

2. 커피의 애음 풍습을 터키에 들여온 것은 다음 중 어느 때인가?
  ① 세림 1세　　② 요한넷 6세　　③ 무라트 1세　　④ 메흐메트 6세

3. 1687년 군인이었던 게오르그 콜스치스키가 커피하우스를 연 곳은 어디인가?
  ① 런던　　② 바르셀로나　　③ 비엔나　　④ 부다페스트

4. 다음은 각 국의 커피 문화에 대한 특징을 설명한 것이다. 틀린 것은?
  ① 아랍 - 커피를 마시기 전에 절을 하고 상대를 존중한다는 표현으로 예절과 법도를 중시한다.
  ② 오스트리아 - 블랙이면 모카, 밀크라면 브루넷이라고 불리는 아인슈패너가 대표적 메뉴이며 음악적 여유와 아름다움을 반영한다.
  ③ 러시아 - 커피의 원산지로 생두를 주석 냄비에 볶아 나무절구로 곱게 빻아 커피를 마신다.
  ④ 프랑스 - 에스프레소에 신선한 스팀 우유를 살짝 얹은 부드러운 거품의 카페오레가 대표적인 메뉴이다.

5. 뜨거운 물속에 흑설탕을 넣고 끓여 녹인 뒤, 불은 끄고 커피 가루를 넣고 저은 후 가루가 모두 가라앉을 때까지 5분 정도 두었다가 상부의 맑은 커피만을 마시는 "틴토(Tinto)"가 유명한 나라는?

① 콜롬비아　　　② 러시아　　　③ 그리스　　　④ 이탈리아

6. 다음은 커피열매의 구조를 설명한 것이다. 틀린 것은?

① 점액질 - 2mm 두께의 미끈미끈한 점액 부분　② 펄프 - 생두 가운데 나 있는 홈
③ 파치먼트 - 생두를 감싸고 있는 껍질　④ 은피 - 생두에 부착되어 있는 얇은 막

7. 세계에서 생산되는 원두의 약 70%를 차지하고 있으며, 일반적으로 가장 많이 소비되는 품종은 무엇인가?

① 로부스타　　　② 리베리카　　　③ 아라비카　　　④ 아라부스타

8. 다음은 로부스타 품종에 대한 특징을 설명한 것이다. 틀린 것은?

① 쓴맛이 강하고 가격이 아라비카에 비해 저렴한 편이다.
② 해발 500~1,500m 정도의 고지대에서 주로 생산되고 있다.
③ 볼록하고 둥근 형태의 모양이다.
④ 인도, 아프리카, 인도네시아 지역에서 주로 로부스타 커피를 생산한다.

9. 다음 중 아라비카 품종에 해당하지 않는 것은?

① 문도 노보 (Mundo Novo)　② 카투 아이 (Catuai)
③ 버번 (Bourbon)　④ S274

10. 브라질에서 발견된 버번과 수마트라의 자연교배종이며 카투라, 카투아이와 함께 브라질의 주력 상품의 품종 이름은 무엇인가?

① 버번　　　② 문도노보　　　③ 티모르　　　④ 마라고지페

11. 다음은 버번(Bourbon) 품종에 관한 설명이다. 틀린 것은?

① 티피카의 돌연변이종이다.
② 생두는 상대적으로 작고, 둥근 모양으로 단단한 편이다.
③ 브라질에서 발견된 문도 노보와 카투라의 교배종이다.
④ 재배의 적정고도는 1,000m~2,000m로 고지대에서 적합하다.

정답 1. ② 2. ① 3. ③ 4. ③ 5. ① 6. ② 7. ③ 8. ② 9. ④ 10. ② 11. ③

Coffee Baristar

12. 다음은 아라비카 품종에 관한 설명이다. 틀린 것은?

① 대체적으로 쓴맛이 강한 편이다.
② 세계적으로 전체 생산량이 약 70%를 차지하고 있다.
③ 에티오피아가 원산지이다.
④ 평균기온 20℃, 해발 500~2,000m 의 고지대에서 재배된다.

13. 인도 고유 품종으로서 생산성이 높으며 병충해에 강한 아라비카종은 무엇인가?

① 카투아이(Catuai)   ② 마라고지페(Maragogype)
③ 켄트(Kent)   ④ 게이샤(Geisha)

14. 커피의 주요 산지 중 아프리카 나라에 해당하지 않는 것은?

① 인도네시아   ② 에티오피아
③ 케냐   ④ 탄자니아

15. 다음은 티피카(Typica) 품종에 관한 설명이다. 틀린 것은?

① 아라비카 원종에 가장 가까운 품종이다.
② 버번의 돌연변이 종으로 커피잎 녹병에 강하다.
③ 생두는 긴 편으로 좋은 향과 신맛이 특징적이다.
④ 블루마운틴, 하와이 코나가 대표적인 품종이다.

16. 다음은 커피의 주요 산지 중 멕시코(Mexico)에 관한 설명이다. 틀린 것은?

① 아라비카종과 로부스타종이 모두 생산되며 아라비카 생산량은 세계 3위이다.
② 고지대에서 생산된 알투라(Altura) 커피가 최고등급 커피이다.
③ 북미 자유무역협정으로 미국과의 교역이 활발해짐으로서 상대적으로 낮은 가격으로 품질이 우수한 커피로 각광받고 있다.
④ 생산량의 90% 이상을 일본으로 수입해가는 독점구매 정책과 엄격한 생산량 제한, 품질관리를 통하여 상품의 희소성을 높임으로서 높은 가격으로 거래되고 있다.

17. 다음 중 커피의 주요 산지 중 중남미 나라에 해당하지 않는 것은?

① 콜롬비아   ② 코스타리카
③ 브라질   ④ 브룬디

18. 다음은 품종개량의 목적에 관한 설명이다. 틀린 것은?

① 환경 적응성
② 조기수확
③ 외견적 미우수성
④ 다량의 수확

19. 커피의 재배과정에서 묘판을 만들어 커피 종자를 뿌리고 싹이 나오는 기간은?

① 10 ~ 20일
② 20 ~ 30일
③ 30 ~ 40일
④ 40일 이상

20. 국가별 커피수확 시기를 나열한 것이다. 옳은 것은?

① 에티오피아 11월 ~ 2월
② 코스타리카 3월 ~ 5월
③ 과테말라 5월 ~ 8월
④ 브라질 12월 ~ 3월

21. 다음 중 커피 수확의 방법으로 틀린 것은?

① 핸드 피킹 (Hand Picking)
② 펄프드 내추럴 (Pulped Natural Process)
③ 기계 수확 (Mechanical Picking)
④ 스트리핑 (Stripping)

22. 다음 중 커피 건조 방식에 해당하지 않는 것은?

① 스트리핑(Stripping)
② 파티오(Patio)
③ 온실건조(Plastic Shed)
④ 기계건조(Machine Dry)

23. 다음은 습식 가공 방식에 관한 설명으로 바른 것은?

① 브라질, 에티오피아, 인도네시아 등 로부스타 생산국에서 주로 재배된다.
② 생산단가가 저렴하고 친환경적인 재배 환경에서 생산된다.
③ 대체적으로 품질이 높고 균일한 생두를 수확하는 방식이다.
④ 강한 바디감과 단맛이 좋은 특성을 지니고 있다.

24. 가공과정에서 과육을 10~20%만 남겨두고 파치먼트가 거의 보이게 하는 방식은?

① 레드허니
② 옐로우허니
③ 펄프드 내추럴
④ 블랙허니

정답 12. ① 13. ③ 14. ① 15. ② 16. ④ 17. ④ 18. ③ 19. ④ 20. ① 21. ② 22. ① 23. ③ 24. ②

Coffee Baristar

25. 습식법의 가공 순서로 올바르게 나열된 것은?

① 과육제거 – 발효 – 세척 – 건조
② 발효 – 과육제거 – 세척 – 건조
③ 과육제거 – 세척 – 발효 – 건조
④ 발효 – 세척 – 과육제거 – 건조

26. 건식법과 습식법에 대한 설명 중 틀린 것은?

① 건식법은 생산단가가 저렴하고 친환경적이다.
② 품질이 좋고 균일한 방식은 건식법이다.
③ 신맛이 건식법 보다 습식법이 더욱 좋다.
④ 품질이 높고 균일한 가공방식은 습식법이다.

27. 다음은 커피의 주요 산지 중 과테말라에 관한 설명이다. 틀린 것은?

① 비옥한 화산재 토양에서 고급 커피를 생산하는 나라이다.
② 세계 제 2위의 커피 생산국으로 마일드한 커피의 대명사로 불리운다.
③ 그늘 경작법으로 재배되며 스모크 커피의 대명사라는 특징을 가지고 있다.
④ 경작 고도에 따라 7등급으로 나뉘며 해발고도 1,370m 이상에서 경작되어지는 것을 최고등급으로 불리운다.

28. 콜롬비아의 경우 생두의 크기에 의해 분류가 되는데 스크린 사이즈 17 이상에 해당되는 것은 무엇인가?

① 엑셀소
② 엑스트라
③ 커머셜
④ 수프리모

29. 다음은 로스팅 단계 중 시나몬(Cinnamon) 로스팅 강도에 관한 설명이다. 틀린 것은?

① 아메리칸 로스트로 불리며 신맛과 쓴맛을 적절하게 느낄 수 있다.
② 생두의 외피로부터 은피가 가장 많이 제거되는 단계이다.
③ 원두의 색상은 주로 황갈색을 띤다.
④ 커피의 신맛이 가장 두드러지는 단계이다.

30. 다음은 로스팅 과정의 물리적 · 화학적 변화에 관한 설명이다. 틀린 것은?

① 수분함량은 로스팅을 하면 10~12%에서 로스팅 정도에 따라 1~5%까지 줄어든다.
② 단백질은 원두의 향기 형성에 중요한 역할을 한다.
③ 카페인은 아라비카 종이 로부스타 종에 비해 두 배 가까이 함유되어 있다.
④ 가용성 성분은 원두를 분쇄하여 뜨거운 물로 추출하였을 때 나오는 성분이 많을수록 맛과 향이 진해진다.

31. 커피를 처음 로스팅 하기 시작한 것은 언제인가?
① 6~7세기 ② 12~13세기
③ 15~16세기 ④ 17세기 이후

32. 로스팅 머신의 가열 방식 중에서 드럼표면의 열과 후면에 뚫린 통풍구로 열풍을 전달하는 방식은 무엇인가?
① 반열풍식 ② 열풍식
③ 직화식 ④ 유동식

33. 로스팅 중에 사용되는 3가지 열전달 현상이 아닌 것은?
① 복사열 ② 전도열
③ 대류열 ④ 직화열

34. 로스팅 포인트중에서 가장 강하게 볶는 단계를 무엇이라고 하는가?
① 미디움 ② 이탈리안
③ 프렌치 ④ 시티

35. 다음은 로스팅 과정의 물리적 · 화학적 변화 중 갈변반응에 대한 설명에 해당하지 않는 것은?
① 마이야르 반응 ② 클로로겐산 반응
③ 산화 반응 ④ 캐러멜화 반응

36. 다음은 혼합 블렌딩에 관한 설명이다. 틀린 것은?
① 기호에 따라 미리 정해 놓은 생두를 혼합하는 방식이다.
② 로스팅 된 커피의 색이 균형적이다.
③ 각각의 생두를 로스팅하여 블렌딩하는 방식이다.
④ 한꺼번에 로스팅을 함으로써 시간이 단축되는 효과가 있다.

37. 블렌딩에서 사용되는 원두의 가짓수는 몇 개가 적당한가?
① 2가지 ② 3~5가지
③ 5~7가지 ④ 7가지 이상

 25. ① 26. ② 27. ② 28. ④ 29. ① 30. ③ 31. ② 32. ① 33. ④ 34. ② 35. ③ 36. ③ 37. ②

Coffee Baristar

38. 다음은 커핑 평가 시 Defects(결점)에 관한 설명이다. 틀린 것은?

① 커피의 퀄리티를 떨어뜨리는 부정적이거나 나쁜 향미를 의미한다.
② 결함(fault)은 흔히 맛 측면에서 압도적이거나 샘플을 맛없게 만드는 경우이다.
③ 시큼한(sour), 고무냄새(rubbery) 기술어로 표현한다.
④ 마시는 첫 순간부터 마지막 삼키거나 뱉어내기까지의 총체적인 여운에 이르기까지 부정적인 인상이 없는 것을 의미한다.

39. 다음은 커핑의 평가 항목을 설명한 것이다. 틀린 것은?

① 미각(Gustation) – 혀를 덮고 있는 점막의 수용체가 가용성 화합물로 이루어진 자극에 탄응하여 느끼는 맛에 대한 감각을 평가하는 항목이다.
② 촉각(Mouthfeel) – 혀와 입안에 있는 말초신경 조직에서 물리적으로 느껴지는 촉감으로 밀도, 점도, 표면 장력과 물리, 화학적 특성을 평가하는 항목이다.
③ 드라이 아로마(Dry Aroma) – 분쇄된 커피에서 나오는 향기를 평가하는 항목이다.
④ 웻 아로마(Wet Aroma) – 커피를 마신 후에도 입안에 남아있는 맛과 향을 평가하는 항목이다.

40. 커핑 점수를 개별적으로 체크할 시 해당하지 않는 요소는?

① Green Bean(그린빈) ② Clean Cup(클린컵)
③ Body(바디) ④ Balance(밸런스)

41. 혀와 입천장 사이에서 감지되는 커피액의 촉감을 판단하는 커핑 항목은 무엇인가?

① 바디(Body) ② 클린컵(Clean Cup)
③ 단맛(Sweetness) ④ 밸런스(Balance)

42. 다음은 커피가 인체에 미치는 긍정적인 효과에 관한 설명이다. 틀린 것은?

① 각성효과 및 피로 회복에 효과가 있다.
② 담석 결정체가 생성되는 것을 감소시킨다.
③ 체지방의 분해를 증가시켜 일의 지속성을 향상시킨다.
④ 혈관 확장 및 혈류량 증가를 유도하여 일시적인 혈압 상승을 일으킨다.

43. 음료의 카페인 함유량을 나열한 것이다. 가장 카페인 함유량이 많은 것은?

① 드립방식 ② 에스프레소
③ 인스턴트 커피 ④ 코코아

44. 짧은 시간에 많은 양의 커피를 마시게 되면 카페인 중독, 카페인 의존증을 일으키는데 이를 캐피니즘이라고 한다. 이 경우 나타나는 증상이 아닌 것은?

① 불안　　　　② 발열　　　　③ 설사　　　　④ 두통

45. 디카페인 커피 제조 방법으로 해당하지 않는 것은?

① 갈변반응　　　　② 용매추출법
③ 물추출법　　　　④ 초임계추출법

46. 디카페인 커피의 국제기준에 적합한 카페인 추출양(%)은 어느 것인가?

① 37%　　　　② 57%　　　　③ 77%　　　　④ 97%

47. 원두의 신선도를 장시간 지속시키는 커피의 포장기법에 관한 설명이다. 해당하지 않는 것은?

① 밸브 포장　　　　② 질소 포장
③ 원웨이 포장　　　　④ 냉동 포장

48. 다음은 커피의 신선도를 저해하는 산패의 주요 원인에 관한 설명이다. 틀린 것은?

① 산소　　　　② 온도　　　　③ 열　　　　④ 습기

49. 커피에 산소와 수분이 접촉할 수 없도록 최대한 차단시키는 포장 방법으로 편리성과 진공포장의 성능을 최대한 유지하기 위한 커피 포장 기법은 무엇인가?

① 밸브 포장　　　　② 질소 포장
③ 지퍼백 포장　　　　④ 원웨이 포장

50. 다음은 커피의 신선도를 파악하는 판별법에 관한 설명이다. 틀린 것은?

① 촉각을 이용하여 원두의 입자크기가 균일한 상태인지 파악한다.
② 후각을 이용하여 항긋한 향이 지속적인지 파악한다.
③ 미각을 이용하여 오래된 커피일수록 불쾌한 신맛, 쓴맛, 떫은맛이 나는지 파악한다.
④ 시각을 이용하여 처음 물을 부을 때 풍부하게 부풀어 오르는지 신선도를 파악한다.

정답 38. ④　39. ④　40. ①　41. ①　42. ④　43. ①　44. ②　45. ①　46. ④　47. ④　48. ②　49. ③　50. ①

Coffee Baristar

제2장 커피 기계학

1. 증기압을 이용한 최초의 커피 머신을 발명한 사람은?
① 파보니   ② 가찌아
③ 페마   ④ 베제라

2. 피스톤의 원리를 이용하여 처음으로 크레마를 발견한 사람은?
① 베제라   ② 파보니
③ 가찌아   ④ 페마

3. 머신에 처음으로 전동 펌프를 연결한 사람은?
① 베제라   ② 파보니
③ 가찌아   ④ 페마

4. 커피 추출 기구 중 사이폰 방식의 또 다른 이름으로 맞는 것은?
① 프레셔 포트   ② 베큐엄 포트
③ 피스톤 포트   ④ 에어로 포트

5. 다음 중 커피 머신의 작동방식이 아닌 것은?
① 수동식   ② 자력식
③ 전자동식   ④ 반자동식

6. 커피 머신의 90% 이상을 차지하는 머신의 종류는?
① 자동머신   ② 반자동머신
③ 수동머신   ④ 전자동 머신

7. 커피 전문점에서 사용되미, 베리에이션 메뉴까지 제조 가능한 머신은?
① 자동머신   ② 전자동머신
③ 수동머신   ④ 관통형 머신

8. 반자동 머신의 특징 중 틀린 것은?
① 그라인더와 머신이 분리되어 있다.   ② 바리스타의 역량에 따라 맛이 틀리다.
③ 버튼 조작 하나로 스티밍까지 가능하다.   ④ 장비에 대한 기본 지식이 필요하다.

9. 전자동 커피 머신의 특징이 아닌 것은?
① 설치 공간이 작다.   ② 추출하기가 쉽고 용이하다.
③ 추출하는 사람에 따라 맛이 틀리다.   ④ 분쇄와 추출이 동시에 이루어진다.

10. 그라인딩, 커피 추출, 스티밍이 한번에 동작으로 이루어지는 방식의 머신은?
① 수동머신   ② 반자동머신   ③ 자동머신   ④ 전자동머신

11. 커피 머신 중 우유을 데울 때나 거품을 낼 때 사용하는 부속은?
① 압력게이지   ② 스팀노즐   ③ 포타필터   ④ 전원스위치

12. 다음이 설명하는 커피 머신의 부품으로 옳은 것은?

- 2단 내지 3단으로 구성되어 있다.
- 머신의 전원을 on시킬 때 사용한다.

① 메인 스위치   ② 압력 게이지
③ 키패드   ④ 그룹헤드

13. 그림과 같은 부속의 명칭은?

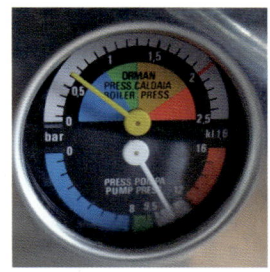

① 포타필터   ② 추출 버튼
③ 압력 게이지   ④ 스팀완드

정답 1.④ 2.③ 3.④ 4.② 5.② 6.② 7.② 8.③ 9.③ 10.④ 11.② 12.① 13.③

Coffee Baristar

14. 커피를 추출할 때 추출하는 커피의 양을 측정하는 부속은?

① 히팅코일　　　　　　　　② 과압력 방지 밸브
③ 믹싱밸브　　　　　　　　④ 유량계

15. 일반적인 커피 머신의 압력범위는?

① 4–5 bar　　　　　　　　② 1–2 bar
③ 9–10 bar　　　　　　　　④ 14–15 bar

16. 커피 보일러 안에서 물을 데우는 부속은?

① 수위감지봉　　　　　　　② 히팅코일
③ 진공방지밸브　　　　　　④ 유량계

17. 커피 머신 초기 가동시 보일러 내부의 공기를 빼주는 역할을 하는 부속은?

① 진공방지밸브　　　　　　② 과수압 방지밸브
③ 믹싱밸브　　　　　　　　④ 과압력 방지밸브

18. 전자석의 원리는 이용하여 보일에 물을 급수할 때 사용하는 부속은?

① 2 way 솔레노이드 밸브　　② 3 way 솔레노이드 밸브
③ 진공방지밸브　　　　　　④ 히팅코일

19. 그룹헤드 옆에 붙어서 커피를 추출할 때, 전기의 힘을 사용해서 물의 방향을 조절하는 부속의 이름은?

① 2 way 솔레노이드 밸브　　② 3 way 솔레노이드 밸브
③ 진공방지밸브　　　　　　④ 히팅코일

20. 오른쪽 그림과 같은 물의 양을 측정하는 커피 부속의 명칭은?

① 유량계　　　　　　　　　② 수위센서
③ 키패드　　　　　　　　　④ 보일러

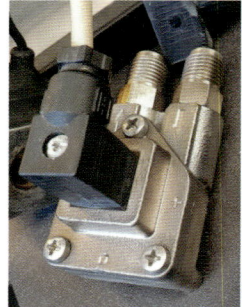

21. 커피 머신 보일러 내부에 있는 부속으로 아래 그림과 같은 부품의 명칭은?

① 수위센서 ② 히팅코일
③ 압력스위치 ④ 압력스위치

22. 전자석의 힘을 이용하여 유동추를 움직여 물의 흐름을 제어하는 부속은?
① 체크 밸브 ② 솔레노이드 밸브
③ 진공방지 밸브 ④ 플린저

23. 커피 머신에서 떨어지는 물을 받아 배수관으로 흘러주는 받침대의 명칭은?
① 드립 트레이 ② 핫 워터 디스펜서
③ 스팀밸브 ④ 그릴

24. 커피 머신 설치시 주의해야 할 요소가 아닌 것은?
① 전기용량 ② 물의압력
③ 설치장소의 온도 ④ 물의성분

25. 머신 외부의 부속 중 커피 추출시 컵을 놓는 받침대의 이름은?
① 그릴 ② 드립 트레이
③ 컵 워머 ④ 핫 워터 디스펜서

26. 추출시 펌프의 압력을 보여주는 부속의 명칭은?
① 펌프 압력 게이지 ② 보일러 압력 게이지
③ 추출 압력 게이지 ④ 온수 압력 게이지

정답 14.④ 15.③ 16.② 17.① 18.① 19.② 20.① 21.② 22.② 23.① 24.③ 25.① 26.①

Coffee Baristar

27. 가장 많이 사용되는 반자동 머신의 경우 바리스타가 커피 머신 사용시 커피를 추출하기 위하여 조작하는 버튼의 명칭은?

① 키패드
② 키보드
③ 마킹보드
④ 터치스크린

28. 보일러의 히팅 코일이 오동작할 경우 오버히팅이 되고 이 경우 머신에 많은 고장을 일으킨다. 오버히팅을 방지해 주는 부속의 이름은?

① 과열방지기
② 과압력 방지 밸브
③ 포토커플러
④ 포터감지기

29. 커피 추출시 펌프의 압력은 9bar가 적당한데 수압이 갑자기 높아질 경우 주변 부속을 방비하기 위해 존재하는 부속은?

① 과압력 방지 밸브
② 과수압방지밸브
③ 믹싱 밸브
④ 진공방지밸브

30. 커피 머신의 구조에 따른 분류 중 열교환기가 보일러 내부에 포켓 형태로 들어가 있는 방식은?

① 관통형
② 침출식
③ 독립형
④ 듀얼

31. 커피 머신의 구조에 따른 분류중 그룹 헤드 별로 추출 보일러가 있는 방식은?

① 관통형
② 침출식
③ 독립형
④ 듀얼

32. 독립형 보일러의 단점에 속하지 않는 것은 ?

① 전기 사용량이 많다.
② 유지보수 비용이 비싸다.
③ 유지보수가 어렵다.
④ 크기가 초대형이다.

33. 관통식보일러의 경우 추출수는 보일러 내부 스팀에 의하여 중탕으로 끓여지게 된다. 이때 중탕으로 물을 끓여주기 위한 곳의 이름은?

① 열 추출기
② 스팀 추출기
③ 스팀 교환기
④ 열 교환기

34. 관통형 보일러의 경우 보통 스팀과 물의 비율을 3:7로 맞춘다. 다음 중 수위를 조절하는 부속의 이름은?
① 수위볼 ② 수위게이지
③ 수위센서 ④ 포토커플러

35. 커피 머신의 추출 속도가 너무 느릴 때 그 원인이 아닌 것은?
① 펌프 압력이 낮을때 ② 원두 분쇄도가 가늘때
③ 원두 투입량이 많을때 ④ 수도압이 높을 때

36. 커피 머신을 오래 사용하게 되면 물이 미네랄 성분이 열과 압력으로 인해 덩어리져 생겨서 보일러 고장의 원인이 된다. 이것의 이름은?
① 스케일 ② 오니
③ 슬러지 ④ 커피떡

37. 포타필터증 분쇄 원두가 담기는 부속의 명칭은?
① 스파웃 ② 바스켓
③ 커피 바구니 ④ 벙커

38. 머신에서 커피 추출시 그룹헤드에서 미세한 망을 통하여 물이 분사되는데 이 부속의 이름은?
① 디퓨저 ② 스크린 샷
③ 바스켓 ④ 샤워스크린

39. 다음 중 커피 머신의 그룹 헤드와 관련이 없는 것은?
① 샤워 홀더 ② 샤워 스크린
③ 개스킷 ④ 스팀완드

40. 다음 중 에스프레소 추출 속도에 대한 설명 중 틀린 것은?
① 펌프 압력이 낮을수록 추출이 빨라진다.
② 펌프 압력이 높을수록 추출이 빨라진다.
③ 추출 할 분쇄원두 량이 적으면 추출이 빨라진다.
④ 분쇄 굵기가 가늘면 추출이 느려진다.

정답 27.① 28.① 29.② 30.② 31.③ 32.④ 33.④ 34.③ 35.④ 36.① 37.② 38.④ 39.④ 40.①

41. 에스프레소 과다 추출의 원인이 아닌 것은?
① 분쇄입자가 가늘다. ② 원두량이 많다.
③ 추출온도가 높다. ④ 보일러 압력이 낮다.

42. 에스프레소 과소 추출의 원인이 아닌 것은?
① 탬핑압력이 약하다. ② 추출속도가 빠르다.
③ 분쇄입자가 가늘다. ④ 보일러 압력이 낮다.

43. 그룹헤드는 보통 동합금 재질로 만듭니다. 그 이유로 적합한 것은?
① 내구성을 높이기 위해서 ② 도금하기가 쉬워서
③ 디자인이 좋아서 ④ 온도 유지를 위해서

44. 다음주 주기적으로 청소 하지 않아도 되는 것은?
① 그룹헤드 ② 포타필터
③ 스팀완드 ④ 펌프

45. 머신 히팅 스위치를 넣고도 한참이 지나도록 온수가 안 나오는 고장의 원인이 아닌 것은?
① 히팅 고장 ② 유량계 고장
③ 과열방지기 고장 ④ 압력스위치 고장

46. 추출 버튼을 눌렀을 때 머신에서 엄청난 굉음이 난다면 체크해야 할 곳은?
① 전기 브레커 ② 배수구
③ 정수기 ④ 컵 워머

47. 다음 중 그라인더의 부속이 아닌 것은?
① 호퍼 ② 도저
③ 분쇄입자조절레버 ④ 압력스위치

48. 그라인더 속도가 예전보다 현저히 약해지면 체크해야 할 부속은?
① 콘덴서　　　　　　　　② 전원스위치
③ 도징스프링　　　　　　④ 호퍼

49. 그라인더의 호퍼에 관한 설명 중 틀린 것은?
① 원두가 직접 보관되는 곳으로 원두의 오일이 많이 묻는다.
② 주기적으로 청소하여 관리해야 한다.
③ 청소주기는 2년에 한번이다.
④ 반드시 세제로 씻어야 한다.

50. 다음 중 그라인더 날의 종류로 맞는 것은?
① 플랫 버　　　　　　　　② 삼중 날
③ 다이아몬든 코팅 날　　　④ 코나 버

정답　41. ④　42. ③　43. ④　44. ④　45. ②　46. ③　47. ④　48. ①　49. ③　50. ①

Coffee Baristar

제3장 커피 추출

1. 다음 내용이 의미 하는 것은 커피에서 무엇이라고 하는가?

> 좋은 생두를 선별하여 추출 방식에 맞게 로스팅된 원두를 적정 크기로 분쇄 후 커피 성분을 다양한 기구를 이용하여 맛과 향을 뽑아낸다.

① 드립 ② 추출
③ 스티밍 ④ 아트

2. 다음 ( ) 안에 들어갈 단어를 무엇인가?

> 커피 추출을 ( ) 또는 Extraction이라고 하고, ( )은 '커피를 제조한다'는 넓은 의미이고, Extraction은 '커피 성분을 뽑아낸다'이다

① Steaming ② Drip
③ Brewing ④ Extraction

3. 다음 ( ) 안에 들어갈 단어를 무엇이라 하는가?

> 커피 원두는 수용성 물질과 불수용성 물질로 이루어져 있다.
> 이를 분쇄하여 뜨거운 물인 ( )를 투입하면 커피의 수용성 물질인 용질이 녹아나와 물과 섞여서 추출되며 이것을 용액이라 한다.

① 수용성 ② 불수용성
③ 용질 ④ 용매

4. 커피 브루잉에서 물이 차지하는 비율은 몇 %인가?

① 98.5%~99% ② 85%~90%
③ 91%~93% ④ 94%~95%

5. 일반적으로 커피 추출 시 커피의 농도는 몇 %인가?

① 0.5%~0.6% ② 1%~1.5%
③ 2.5%~3% ④ 4%~5%

6. 커피 추출시 섬유질 성분을 제외한 추출량 중 가장 이상적인 추출 수율은 몇 %인가?

① 11%~12% ② 13%~14%
③ 18%~22% ④ 25%~30%

7. 다음 중 커피 추출시 발생하는 현상에 대한 설명으로 바르지 않은 것은?

① 난류는 물이 분쇄된 커피 사이로 들어가 커피들을 섞어주는 작업을 말하며 거품층이 형성됨을 확인 할 수 있다.
② 분쇄 커피는 투입된 물을 만나 적셔지면서 이산화탄소를 방출한다.
③ 방출된 이산화 탄소는 물을 밀어 내면서 난류를 일으킨다.
④ 신선한 원두 일수록 이산화탄소 발생이 없다.

8. 커피 추출 시 커피 맛에 영향을 주지 않는 것은?

① 원두의 신선도 ② 원두의 품질
③ 물의 온도 ④ 샷 글라스의 크기

9. 일반적으로 커피 추출 시 가장 적당한 물의 온도는?

① 60~70℃ ② 70~75℃
③ 80~81℃ ④ 90~95℃

10. 커피 추출 시 사용하는 물에 관한 설명이다. 알맞은 것은?

① 200ppm 정도의 미네랄 함유된 물이 좋다.
② 50~100ppm 정도의 미네랄 함유된 물이 좋다.
③ 정수된 물보다는 수돗물이 좋다.
④ 냄새와 불순물이 있어도 좋다.

11. 핸드드립 추출 시 커피 가루가 투입된 물에 의해 적셔지면서, 이산화탄소를 방출하게 되고 난류를 일으키면서 부풀어 오르는 동안 기다리는 작업을 무엇이라고 하는가?

① 뜸들이기(Wetting) ② 드립(Drip)
③ 추출(Extraction) ④ 스티밍(Steaming)

정답 1.② 2.③ 3.④ 4.① 5.② 6.③ 7.④ 8.④ 9.④ 10.② 11.①

Coffee Baristar

12. 다음 중 커피 추출 방법에 해당되지 않는 것은?
① 담금
② 달임
③ 여과
④ 숙성

13. 다음 추출 방식 중 담금법에 해당 되는 추출 도구는 무엇인가?
① 칼리타 드리퍼
② 프랜치프레스
③ 고노 드리퍼
④ 하리오 드리퍼

14. 다음 추출 방식 중 달임법에 해당 되는 추출 도구는 무엇인가?
① 프랜치프레스
② 칼리타드리퍼
③ 이브릭
④ 고노드리퍼

15. 다음 추출 방식 중 드립여과 방식에 해당되지 않는 도구는 무엇인가?
① 이브릭
② 칼리타 드리퍼
③ 고노 드리퍼
④ 하리 도드리퍼

16. 다음 추출 방식 중 진공여과 방식에 해당되는 추출도구는 무엇인가?
① 칼리타드리퍼
② 이브릭
③ 프랜치프레스
④ 사이폰

17. 다음 추출 방식 중 가압 추출방식에 해당되는 추출 도구는 무엇인가?
① 칼리타 드리퍼
② 이브릭
③ 모카포트
④ 사이폰

18. 다음 중 커피 산패 요인으로 맞지 않는 것은?
① 산소-온도
② 수분-시간
③ 온도-냄새
④ 건냉함-신선실

19. 다음 추출 기구에 맞게 커피 분쇄입자 크기를 순서대로 나열한 것은?
① 이브릭 - 모카포트 - 에스프레소 - 프랜치프레스 - 핸드드립
② 에스프레소 - 이브릭 - 프랜치프레스 - 핸드드립 - 모카포트
③ 이브릭 - 에스프레소 - 모카포트 - 핸드드립 - 프랜치프레스
④ 에스프레소 - 이브릭 - 모카포트 - 핸드드립 - 프랜치프레스

20. 다음 추출 기구 중 커피 분쇄 입자를 가장 가늘게 분쇄해야 하는 도구 무엇인가?
① 프랜치프레스   ② 이브릭
③ 에스프레소   ④ 칼리타드리퍼

21. 다음 추출 기구 중 커피 분쇄 입자를 가장 굵게 분쇄해야 하는 도구는 무엇인가?
① 프랜치프레스   ② 이브릭
③ 에스프레소   ④ 칼리타드리퍼

22. 다음 추출 기구 중 가정에서 에스프레소 추출 시 사용하는 도구명은 무엇인가?
① 프랜치프레스   ② 이브릭
③ 에스프레소   ④ 모카포트

23. 다음 추출 기구 중 최초에 터키에서 사용했던 도구로 알려진 것은 무엇인가?
① 프랜치프레스   ② 에스프레소
③ 이브릭   ④ 모카포트

24. 다음 커피 추출 기구는 무엇을 설명하는 것인가?

> 1933년 이탈리아의 알폰소 비알레티에 의해 탄생하였으며 사용법이 간단하고 가격이 저렴하여 가정에서 손쉽게 즐길 수 있는 에스프레소 추출 기구이다.

① 프랜치프레스   ② 모카포트
③ 에스프레소   ④ 칼리타드리퍼

정답 12.④ 13.② 14.③ 15.① 16.④ 17.③ 18.④ 19.③ 20.② 21.① 22.④ 23.③ 24.②

25. 다음 커피 추출 기구는 무엇을 설명하는 것인가?

> 플라스크를 가열하여 발생하는 증기압에 의해 뜨거운 물이 가는 연결관을 통해 커피가루를 담은 용기로 이동하여 커피가루와 섞인 후 추출된 액이 불을 끄면 관을 통해 다시 플라스크로 돌아오는 원리이며 일본의 고노 사에 의해 상품화했다.

① 프랜치프레스　　② 사이폰
③ 에스프레소　　　④ 이브릭

26. 다음 커피 추출 방법은 무엇을 설명하는 것인가?

> 커피가루가 나오지 않게 드립포트에 헝겊을 덮은 것이 기초가 되었고, 독일의 멜리타 벤츠가 드립용 드리퍼를 발명하여 종이필터와 멜리타 드리퍼를 소개하여 일본의 고노, 칼리타 등 브랜드가 생겼으며 사람의 손으로 커피를 내리는 방식이다.

① 핸드드립　　　② 사이폰
③ 에스프레소　　④ 이브릭

27. 다음 핸드드립 도구에 해당되지 않는 것은?

① 드리퍼　　　② 드립서버
③ 페이퍼필터　④ 포터필터

28. 다음 핸드드립 추출 시 고려해야 할 사항이 아닌 것은?

① 원두양　　② 원두 배전도
③ 분쇄도　　④ 온도계 브랜드

29. 다음은 핸드드립 도구에 대한 설명이다. 바르지 않는 것은?

① 드리퍼 - 여과지를 올려 놓고 분쇄된 커피를 담는 도구
② 드립서버 - 핸드드립 시 물을 담아 드립하는 주전자
③ 페이퍼필터 - 커피 찌꺼기를 걸러내는 거름장치(여과지)
④ 드리퍼 리브 - 드리퍼 안쪽에 빗살 무늬처럼 일자 나 회오리 형태

30. 다음은 핸드드립 과정 중 무엇을 설명하는 것인가?

> 종이필터의 이취를 없앨 뿐 아니라 드립서버의 예열을 하는데 좋으며 이 작업을 했을 경우 페이퍼 필터가 드리퍼에 밀착되어 분쇄커피의 고정과 리브의 장점을 높여 농축액 추출에 용이하다.

① 뜸들이기 ② 추출
③ 린싱 ④ 난류

31. 다음에서 설명하는 추출 방법으로 맞는 것은?

> 이탈리아로 "빠르다"에서 나온 말로 주문과 동시에 만들어진다는 영어의 "Express"에 해당된다, 즉 "빠르게 추출된 커피"란 뜻이다.

① 사이폰 ② 에스프레소
③ 핸드드립 ④ 프랜치프레스

32. 분쇄된 원두를 9기압의 압력을 이용하여 짧은 시간 동안 추출한 커피를 무엇이라고 하는가?

① 에스프레소 ② 사이폰
③ 핸드드립 ④ 프랜치프레스

33. 다음 중 에스프레소 추출 시 가장 적절한 추출시간으로 알맞은 것은?

① 10~15초 ② 5~10초
③ 40~50초 ④ 25~30초

34. 다음 중 에스프레소 추출 시 가장 적절한 추출 물 온도로 알맞은 것은?

① 60~65℃ ② 70~75℃
③ 80~85℃ ④ 90~95℃

35. 다음 중 올바른 에스프레소 추출 방법에 해당되지 않는 것은?

① 커피양을 추출 기준에 맞게 충분히 받는다.
② 분쇄 굵기는 무조건 크게 한다.
③ 탬핑 시 수평을 유지해 준다.
④ 분쇄 커피 표면에 홈이 생기지 않도록 한다.

정답 25. ② 26. ① 27. ④ 28. ④ 29. ② 30. ③ 31. ② 32. ① 33. ④ 34. ④ 35. ②

Coffee Baristar

36. 에스프레소 평가 방법 중 에스프레소가 정상 추출된 경우 크레마에 대한 설명으로 바르지 않은 것은?

① 크레마는 추출속도가 빠르고 밝은 베이지 컬러가 형성된다.
② 크레마 패턴이 레오파드 문양이나 타이거밸트가 형성된다.
③ 크레마 표면에 광택이 난다.
④ 밀도와 지속력이 있다.

37. 다음 에스프레소 추출이 잘못된 경우 나타날 수 있는 크레마의 설명에 해당되지 않는 것은?

① 패턴이 레오파드 문양이나 타이거밸트가 형성된다.
② 컬러가 옐로우(yellow)나 화이트(white)에 가깝다.
③ 거품이 거칠게 형성된다.
④ 밀도와 지속력이 약하다.

38. 다음 중 에스프레소 종류에 해당하지 않는 것은?

① 리스트레또 ② 에스프레소
③ 룽고 ④ 모카

39. 다음 에스프레소 종류 중 추출 시간이 가장 짧고 가장 적은 양의 에스프레소 메뉴는 무엇인가?

① 리스트레또 ② 에스프레소
③ 룽고 ④ 도피오

40. 추출 시간이 가장 길고 가장 많은 양의 에스프레소 메뉴는 무엇인가?

① 리스트레또 ② 에스프레소
③ 룽고 ④ 모카

41. 에스프레소의 두배, 더블의 의미로 통상적으로 투샷이라고 부르는 메뉴는 무엇인가?

① 리스트레또 ② 에스프레소
③ 룽고 ④ 도피오

42. 다음 중 각 메뉴에 맞는 잔의 용량으로 바르지 않은 것은?

① 에스프레소 (데미타세) : 2oz ② 카푸치노 : 6oz
③ 카페라떼 : 9oz ④ 카푸치노 : 10oz

43. 다음 중 에스프레소 잔으로 불리며 아주 작은 잔을 뜻하는 명칭은 무엇인가?

① 라떼잔　　　　　　　　　② 데미타세
③ 아메리카노잔　　　　　　　④ 모카잔

44. 다음 에스프레소 메뉴에 대한 설명으로 바르지 않은 것은 무엇인가?

① 리스트레또 : 추출시간이 짧으며 양이 적고 진한 에스프레소
② 룽고 : 추출시간이 길고 양이 많다.
③ 도피오 : 더블 에스프레소를 지칭하는 용어이다.
④ 도피오 : 30ml 정상추출의 에스프레소

45. 다음 중 에스프레소 추출에 관한 설명으로 바르지 않은 것은?

① 추출 전 일정한 힘으로 수평을 맞추고 다지는 역할을 탬핑이라고 한다.
② 탬핑을 하는 도구를 탬퍼라고 한다.
③ 20~30초 동안 20~30ml를 추출한다.
④ 탬핑 시 30kg의 강한 힘으로 탬핑한다.

46. 다음 중 에스프레소 추출 과정에서 그라인딩 하면서 포터필터에 커피를 담는 작업의 명칭으로 알맞은 것은?

① 도저　　　　　　　　　　② 도징
③ 탬퍼　　　　　　　　　　④ 탬핑

47. 다음 중 에스프레소 추출 과정에서 분쇄커피의 입자와 입자 사이를 메꿔주고 다져주는 작업의 명칭으로 알맞은 것은?

① 탬핑　　　　　　　　　　② 탬퍼
③ 도징　　　　　　　　　　④ 도저

48. 다음 중 에스프레소 추출 압력으로 가장 알맞은 것은?

① 3~5.5bar　　　　　　　　② 4~6.5bar
③ 5~7.5bar　　　　　　　　④ 9~9.5bar

정답　36. ①　37. ①　38. ④　39. ①　40. ③　41. ④　42. ④　43. ②　44. ④　45. ④　46. ②　47. ①　48. ④

Coffee Baristar

49. 에스프레소 추출 과정에서 추출속도가 빠른 원인으로 알맞은 것은?

① 분쇄 커피양이 기준치보다 많다.
② 분쇄 커피양이 기준치보다 적다.
③ 물온도가 기준치보다 높다.
④ 커피 분쇄입자가 기준치 보다 가늘다.

50. 에스프레소 추출 과정에서 추출속도가 느리면 그 원인으로 알맞은 것은?

① 분쇄 커피양이 기준치보다 많다.
② 분쇄 커피양이 기준치보다 적다.
③ 물 온도가 기준치보다 낮다.
④ 커피 분쇄입자가 기준치 보다 굵다.

51. 에스프레소 추출 방식에서 크레마가 생성되는 원리로 알맞은 것은?

① 침지
② 가압추출
③ 여과
④ 중력

정답 *49.* ② *50.* ① *51.* ②

제4장 매장관리 서비스 및 창업

1. 다음 중 고객에게 최상의 서비스를 제공하기 위한 접객 태도에 대한 요소로 틀린 것은?

① 봉사성(Service) ② 청결성(Cleanness)
③ 환대성(Courtesy&Hospotality) ④ 매력성(Attraction)

2. 다음은 식중독 예방을 위한 설명이다. 틀린 것은?

① 조리된 음식은 세균 증식을 방지하기 위해 가급적 바로 섭취한다.
② 위생적인 식품 관리를 위해 손을 자주 씻어 세균 오염을 방지한다.
③ 가열 조리가 필요한 식품은 중심부 온도가 55℃ 이상으로 조리한다.
④ 조리된 음식은 5℃ 이하 또는 60℃ 이상에서 보관한다.

3. 다음은 매장 영업 및 마감 관리 요령 시 필요한 점검 사항에 관한 설명이다. 틀린 것은?

① 에스프레소 머신 – 펌프 압력 및 스팀 작동 여부를 확인한다.
② 제빙기 – 일년에 한번만 청결 상태를 확인한다.
③ 그라인더 – 분쇄도의 굵기 및 작동여부를 점검하여 전반적인 청결 상태를 확인한다.
④ 블렌더 – 작동 유무 및 볼의 청결 상태를 확인한다.

4. 다음은 식품위생법 관련 용어에 대한 설명이다. 틀린 것은?

① 식품 – 의약으로 섭취하는 것을 제외한 모든 음식물을 가리킨다.
② 표시 – 식품, 식품첨가물, 기구 및 용기에 적는 문자, 숫자, 도형을 가리킨다.
③ 기구 – 식품을 채취하는 데에 쓰는 기계, 기구 등의 물건을 가리킨다.
④ 위해 – 식품, 식품첨가물, 기구 또는 용기·포장을 대상으로 하는 음식에 관한 위생을 가리킨다.

5. 다음 중 서비스 품질 향상을 위한 올바른 인사법에 해당하는 것은?

① 망설이다가 인사를 건넨다.
② 밝은 표정으로 자연스럽게 눈을 맞추며 자연스럽게 인사를 건넨다.
③ 무표정한 얼굴로 인사를 건넨다.
④ 상투적인 어투로 형식적으로 인사를 건넨다.

정답 1. ④ 2. ③ 3. ② 4. ④ 5. ②

Coffee Baristar

6. 다음 중 바람직한 고객 서비스 리더십 행동덕목에 해당하지 않는 것은?
① 원활한 소통 및 설득 능력을 갖추어야 한다.
② 소극적이고 돌발 상황을 잘 피할 수 있어야 한다.
③ 경청능력을 통해 통합자의 기능을 수행해야 한다.
④ 최신 지식에 뒤처지지 않도록 자기계발을 지속적으로 해야 한다.

7. 다음 중 카페 창업을 위한 콘셉트(Concept) 설정 시 구성 요소에 해당하지 않는 것은?
① 인력   ② 가격
③ 메뉴의 종류와 수   ④ 입지

8. 카페 인테리어 시 내부공간의 구성요소 중 고객을 유인하는 상품진열대, 화장실, 비상구, 카운터, 안락한 분위기 연출을 위한 고객의 시선을 사로잡기 위한 카페 인테리어 요소로 맞는 것은?
① 의자 및 테이블   ② 조명
③ 바닥   ④ 천장

9. 다음은 카페 창업을 위한 입지 선정 시 고려해야 하는 사항이다. 틀린 것은?
① 접근성   ② 성장성
③ 가시성   ④ 정보성

10. 다음 중 식자재 검수 관리 담당자 자질에 해당하지 않는 것은?
① 성실성(Integrity)   ② 정보(Information)
③ 접근성(Accessibility)   ④ 지식(Intelligence)

11. 다음은 식자재 검수관리 시 구매 발주서와 거래명세서에 제시된 내용과 일치되게 납품되었는가를 확인하는 일련의 단계별 프로세스를 나열한 것이다. 올바르게 짝지어진 것은?

구매 → (   ) → 저장 → (   ) → 재고

① 출고, 검수   ② 검수, 출고
③ 발주, 출고   ④ 검수, 발주

12. 기업 활동에 있어서 미래의 영업에 대한 불확실한 수요와 공급을 만족시키고, 기업의 목적을 달성하기 위하여 물품의 과부족 없이 적절한 양을 보관하는 기능을 의미하는 관리 방법은 무엇인가?

① 재고
② 출고
③ 구매
④ 검수

13. 거래처의 품질관리를 신용할 수 있을 때 관리하는 방식으로 자체적으로 보다 엄격한 품질관리 시스템을 통해 완벽한 품질관리를 위한 관리 방식은 무엇인가?

① 전수 검수법(Total Inspection)
② 발췌 검수법(Calculated Sampling Inspection)
③ 무검수
④ 재고관리(Inventory Management)

14. 특정 기업의 이름, 단어, 로고, 디자인의 총합으로써 경쟁사와의 제품과 구별하기 위한 콘셉트를 연상시킬 수 있는 구성요소는 무엇인가?

① 가격
② 상호
③ 분위기
④ 점포의 규모

15. 다음 중 카페 창업 시 인테리어 절차를 위한 중요한 마케팅 도구 중 외부환경 요소에 해당하지 않는 것은?

① 간판
② 주차 공간
③ 안내 표지판
④ 직원의 외모

16. 다음 중 카페 오픈 시 세부 점검 체크리스트에 해당되지 않는 것은?

① 위생교육
② 부가가치세 신고
③ 영업 허가증
④ 건강진단 결과서

17. 다음 중 서비스 품질에 대한 고객들의 인식을 결정하는 요소 중 틀린 것은?

① 내구성
② 반응성
③ 공감성
④ 신뢰성

18. 다음은 고객 응대 화법 중 접객 5대 용어에 해당하는 설명이다. 틀린 것은?

① 안녕하십니까?
② 감사합니다.
③ 안녕히 가십시오.
④ 잠시만 기다려 주시겠습니까?

정답 6. ② 7. ① 8. ② 9. ④ 10. ③ 11. ② 12. ① 13. ③ 14. ② 15. ④ 16. ② 17. ① 18. ④

Coffee Baristar

19. 다음은 고객 응대 시 준수해야 할 태도에 관한 설명이다. 틀린 것은?

① 가슴 부분은 일자로 펴고, 머리와 목은 등과 일직선이 되도록 한다.
② 정확한 응대 용어를 사용하며 부드러운 억양 톤을 유지하도록 한다.
③ 시선 처리는 바닥과 천장을 번갈아가며 응시하도록 한다.
④ 표정은 밝고 자연스러운 미소를 띠며 반가움을 나타내도록 한다.

20. 다음은 재고관리 기능을 설명한 것이다. 틀린 것은?

① 상품의 기능에 대한 품질과 안전을 보호할 수 있다.
② 여러 식재료 항목과 용도를 보여줄 수 있다.
③ 자주 이용되지 않는 식재료를 파악할 수 있다.
④ 가능한 재고수량은 최대한 많이 보유하는 것이 좋다.

21. 다음 중 적정한 품질과 수량, 시기, 가격, 장소 등 필요한 식자재를 공급원을 통해 구매 및 확보하여 최적의 상태로 보관하였다가 필요로 하는 시간에 업장에 조달하여 메뉴 제공을 원활하게 하는 관리 방법은 무엇인가?

① 저장관리   ② 구매관리
③ 검수관리   ④ 출고관리

22. 다음은 카페 공간 설계 시 고려해야 하는 사항을 설명하고 있다. 틀린 것은?

① 용도지정 지역의 표시확인을 통해 간판 진행 여부를 미리 체크해 준다.
② 상하수도와 배관 위치 여부 및 변경사항을 미리 체크해 준다.
③ 전용면적의 실측을 통해 실평수와 계약평수를 확인한다.
④ 매월 고정적으로 지출되는 통신비, 전기세, 임차료 등에 대한 세금계산서를 누락 없이 챙기도록 한다.

23. 다음 고객 응대 화법 중 접객 3대 용어에 해당하지 않는 것은?

① 무엇을 도와 드릴까요?   ② 어서 오십시오.
③ 고맙습니다.   ④ 안녕히 가십시오.

24. 다음은 긍정적인 서비스 이미지 연출법을 위한 표정관리 요령에 관한 설명이다. 틀린 것은?

① 무표정한 얼굴보다는 밝은 표정을 유지하기 위해 노력하도록 한다.
② 상대에게 보여지는 것이므로 호감을 줄 수 있도록 자연스러운 미소를 연출한다.
③ 가급적이면 상대의 눈높이를 맞추도록 한다.
④ 눈을 마주치지 않고 최대한 작은 목소리를 연출한다.

25. 다음은 카페 창업 시 위험 요인을 최소화하기 위해 시장조사를 통해 경쟁전략을 수립하기 위한 유의사항에 관한 설명이다. 틀린 것은?

① 산업체 현장을 직접 탐색한다.
② 지속적인 시장조사를 통해 지속가능성을 판단한다.
③ 외국의 성공사례에 의존한다.
④ 다양한 방법 및 다각도로 접근한다.

26. 다음 중 카페 오픈 시 필요한 행정절차 및 점검사항에 해당하지 않는 것은?

① 소방검사필증
② 간이과세자 신고
③ 위생교육필증
④ 사업자등록증

27. 다음은 긍정적 서비스 이미지 연출법 중 유니폼에 관한 설명이다. 틀린 것은?

① 몸의 곡선이 드러나고, 과도한 노출로 개성있는 옷차림을 선택한다.
② 명찰은 지정된 위치에 단정히 달아주도록 한다.
③ 세련미와 편안함을 살린 기능성을 겸비한 스타일을 입도록 한다.
④ 구두, 벨트, 양말은 같은 계열의 색으로 통일성을 고려하여 착용한다.

28. 다음은 1970년대 후반에 그린리프(Robert K, Greenleaf)에 의해 처음으로 제기된 이론으로 조직 구성원과의 관계 관리를 중시하는 경영방식으로써 리더의 모든 경험과 전문 지식을 토대로 리더십을 발휘하여 조직문화를 운영하는 참여 리더십에 관한 설명이다. 틀린 것은?

① 공감하는 자세
② 폭넓은 사고
③ 개인적 사고
④ 통찰력

29. 각 품목별로 전문화된 업체에서 소량 품목으로 구매하는 방식으로써 구매 절차가 간편하고, 능률적인 구매 방식은 무엇인가?

① 정기 구매
② 분산 구매
③ 집중 구매
④ 투자적 구매

30. 다음은 다양한 식음재료의 구매결정 시 효율적인 구매를 위한 구매 결정 원칙을 설명한 것이다. 틀린 것은?

① 필요로 하는 납품시간과 일정에 알맞도록 관리한다.
② 정기적이고 면밀한 시장조사를 통해서 구매 품목이 용도에 적합하도록 선정한다.
③ 관련 업체를 주기별로 평가하여 우량업체를 선정한다.
④ 각 식음료 재료의 유효기간 및 포장상태는 확인 및 관리하지 않는다.

정답 19. ③ 20. ④ 21. ② 22. ④ 23. ① 24. ④ 25. ③ 26. ② 27. ① 28. ③ 29. ② 30. ④

31. 다음 중 재고가치 평가 방법 중 장부상으로 먼저 입고된 것부터 순차적으로 출고되는 것으로 간주하여 출고단가를 결정하는 원가주의 평가방법은 무엇인가?

① 후입선출법(LIFO : Last In First Out) ② 선입선출법(FIFO : First In First Out)
③ 이동평균법(Moving Average Method) ④ 가중평균법(Weighted Average Method)

32. 다음은 화재 발생 시 조치 요령을 설명한 것이다. 틀린 것은?

① 화재 장소에서 진화가 안 될 시에는 안내에 따라 외부로 질서있게 대피한다.
② 초기 진화 시에는 건물 내에 비치된 소화기와 소화전을 사용하여 초기 진화를 시도한다.
③ 화재가 발생 또는 발견되는 즉시 소화전 상단의 비상 버튼을 눌러 화재 상황을 건물 내 모든 사람에게 알린다.
④ 유독가스가 발생한 경우 옷이나 수건 등을 이용하여 높은 자세로 대피한다.

33. 다음은 카페 유형에 따른 분류를 설명한 것이다. 멀티목적형 카페에 해당하지 않는 것은?

① 스터디 카페 ② 갤러리 카페
③ 키즈 카페 ④ 로스터리 카페

34. 카페창업 유형에 따른 운영 형태 중 질적 성장을 추구하는 사업가로써 식음료 직종에 대한 고부가가치를 우선적으로 추구하며 수익창출 및 사회적 책임 달성을 목표로 하는 유형은 무엇인가?

① 생계유지형 ② 사회적 가치 추구 경영형
③ 복합문화공간 운영형 ④ 흥미·적성을 고려한 직업 생계형

35. 다음 중 잘못된 인사법에 해당하지 않는 것은?

① 눈을 마주치지 않고 상투적으로 하는 인사
② 고개만 까닥하는 인사
③ 말로만 하는 형식적인 인사
④ 자연스러운 미소를 띠며 마음을 담은 인사

36. 다음 중 오염이 의심되는 소독 대상 물건을 태우는 관리방식은 무엇인가?

① 증기 소독 ② 소각
③ 약물 소독 ④ 끓는 물 소독

37. 다음은 전기 사고 발생 시 대응 요령에 관한 설명이다. 틀린 것은?

① 화재 진압 시 물을 뿌리면 감전 위험이 있으므로 분말소화기를 사용하여 화재를 진압한다.
② 화상 사고 발생 시 옷을 입은 상태로 뜨거운 물에 상처 부위를 충분히 적셔준다.
③ 옷을 가위로 잘라서 벗긴 후 2차 감염을 막기 위해 상처 부위를 거즈로 덮은 상태로 즉시 병원으로 신속히 이동한다.
④ 감전사고 발생 시 사고자를 안전장소로 구출시킨 뒤 의식, 화상, 출혈 상태를 확인하여 인공호흡 등 응급처치를 실시한 뒤 119에 신속히 신고한다.

38. 다음은 카페창업 전망에 관한 설명이다. 틀린 것은?

① 단순히 음료를 마시는 것뿐 아니라 사람과 사람을 연결하는 복합문화공간의 형태이다.
② 바쁜 일상을 벗어나 휴식을 취하고 여유로운 시간을 보내기 위한 치유의 공간이다.
③ 다양한 고객의 취향과 니즈에 따른 세분화 된 서비스 매뉴얼로 맞춤식 서비스를 제공하는 접객서비스 고도화를 추구한다.
④ 건강한 먹거리에 대한 관심이 급증하면서 제조와 원재료의 생산 과정의 불투명성이 요구된다.

39. 식음료 서비스 품질에 대한 고객들의 인식을 결정짓는 요소 중 예정된 서비스를 정확하게 수행하며 서비스 시간을 엄수하는 능력 요소는 무엇인가?

① 신뢰성
② 유형성
③ 공감성
④ 반응성

40. 다음은 고객 응대 화법 중 접객 8대 용어에 관한 설명이다. 틀린 것은?

① 잠시만 기다려 주시겠습니까?
② 죄송합니다만,
③ 고맙습니다.
④ 기다려 주셔서 감사합니다.

41. 다음은 고객에게 양질의 서비스와 긍정적인 이미지를 연출하기 위한 고객응대 시 유의사항을 설명한 내용이다. 틀린 것은?

① 고객의 이야기를 가로막지 않고 끝까지 경청한다.
② 본인이 해결하기 힘든 요구사항일 경우 신속히 상급자에게 사실을 보고하여 조치하도록 한다.
③ 고객의 불편사항을 과소평가하며 성급하게 해결하도록 한다.
④ 불편사항에는 진심으로 사과하고, 지적사항은 메모하는 자세를 통해 세심한 서비스로 응대한다.

정답 31. ② 32. ④ 33. ④ 34. ② 35. ④ 36. ② 37. ② 38. ④ 39. ① 40. ③ 41. ③

42. 식재료가 소량이거나 고가품 또는 희귀물품 등 납품된 모든 아이템을 하나씩 전부 검수하는 방법으로 특별한 경우에 사용되는 검수방법은 무엇인가?

① 무검수
② 전수 검수법
③ 발췌 검수법
④ 유검수

43. 다음은 카페 인테리어 프로세스 과정을 나열한 것이다. 빈 칸에 들어갈 적합한 단어로 알맞게 짝지어진 것은?

> ( ) → 시장조사 및 자료수집 → 인테리어 업체조사 → 인테리어 업체 선정 및 계약 → ( ) → 가구와 소품배치 → 완공 및 오픈준비

① 인건비 설정, 시공
② 콘셉트 설정, 시공
③ 동선 설정, 시공
④ 주방기기 설정, 시공

44. 매출 증진을 위한 카페 인테리어 설계 시 고려해야 할 사항 중 음식이나 음료를 먹는 장면을 연출하는 공간으로 크기, 높이, 형태, 배열 등을 고려해야 하는 구성 요소는 무엇인가?

① 냉난방설비
② 배경음악
③ 집기류의 진열 상태
④ 의자 및 테이블

45. 다양한 메뉴개발을 위해 정기적으로 시장의 트랜드를 반영한 식자재 구매가 수시로 이루어질 수 있도록 고정 거래처에서 취급하지 않는 물품을 직접 구매하는 방식은 무엇인가?

① 집중 구매
② 분산 구매
③ 정기 구매
④ 수시 구매

46. 다음은 식자재 구매 시 검수절차가 생략되거나 시행되지 않을 시 발생되는 요인에 관한 설명이다. 틀린 것은?

① 과잉재고로 인한 식자재 원가손실의 원인이 된다.
② 정확한 구매목적 달성 계획 수립에 방해요소로 작용한다.
③ 식품안전사고 방지 및 효율적인 식재료 관리에 효과적이다.
④ 식자재 품질 저해의 요인이 된다.

47. 다음은 가스트로피직스 효과에 관한 설명이다. 틀린 것은?

① 일회용이 아닌 무거운 식기에 음식을 담았을 때 소비자의 반응은 부정적이다.
② 메뉴에 맞춘 음악은 음식의 풍미를 증진시킨다.
③ 진동벨 대신 이름을 부르는 서비스가 재방문 효과가 있다.
④ 감각적 자극을 이용한 장식을 곁들이면 긍정적인 효과가 있다.

48. 다음은 이미지 메이킹과 관련한 설명이다. 틀린 것은?

① 자신을 알기　　　　　　② 자신의 모델을 선정하기
③ 자신을 계발하기　　　　④ 이미지 점검하기

49. 다음 중 색상, 밝기에 따라 실내 분위기와 공간 면적의 체감도가 달라지므로 신중하게 선택해야 하는 카페 인테리어 구성 요소는 무엇인가?

① 계산대　　　　　　　　② 조명
③ 화장실　　　　　　　　④ 천장

50. 다음 중 인사의 종류에 해당하지 않는 것은?

① 무거운 인사　　　　　　② 가벼운 인사
③ 정중한 인사　　　　　　④ 목례

51. 다음은 저장관리의 목적에 관한 설명이다. 틀린 것은?

① 출고된 식재료에 대해서는 매일 총계를 산출하여 관리하도록 한다.
② 물품 청구서에 의한 식재료의 출고는 매번 사용되는 시점에서 확인 및 관리한다.
③ 반드시 서식으로 작성된 항목을 체크한다.
④ 권한과 위임을 받은 자의 서명은 생략하여 보관 및 관리하도록 한다.

52. 다음은 화재 발생 시 조치 요령에 관한 설명이다. 틀린 것은?

① 초기 진화 시 건물 내에 비치된 소화기와 소화전을 사용한다.
② 벽면에 부착된 피난 유도등을 따라 대피한다.
③ 가급적이면 화재 발생지의 반대 방향으로 대피하도록 한다.
④ 유독가스가 발생한 경우 옷이나 수건 등을 이용하여 높은 자세로 대피한다.

53. 식재료 관리 활동에서 이루어지는 가장 마지막 단계의 활동을 가리키며 저장된 식재료를 사용부서에 공급하는 일련의 과정을 의미하는 관리방법은 무엇인가?

① 재고관리　　　　　　　② 메뉴관리
③ 출고관리　　　　　　　④ 구매관리

정답　42. ②　43. ②　44. ④　45. ④　46. ③　47. ①　48. ④　49. ④　50. ①　51. ④　52. ④　53. ③

54. 다음 중 구매관리 절차를 위한 매입 방법으로 해당하지 않는 것은?

① 공동매입　　　　　　　　② 창고구매
③ 중앙구매　　　　　　　　④ 분산매입

55. 다음은 구매계약의 방법 중 수의계약에 관한 설명이다. 틀린 것은?

① 절차가 간편하고 경비를 줄일 수 있다.
② 신용이 확실한 거래처의 선정이 가능하다.
③ 계약 담당자가 적정하다고 인정되는 특정 업체와 계약을 체결하는 방식이다.
④ 정해진 예산범위 내에서 가장 적합한 가격에 유리한 조건으로 입찰자를 선정하는 계약 방식이다.

56. 생산자로부터 도매업자에서 다시 소매업자로 상품의 유통단계마다 증가한 부가가격에 대해 과세되는 소비세를 가리키는 용어는 무엇인가?

① 면세사업자　　　　　　　② 부가가치세
③ 일반과세자　　　　　　　④ 간이과세자

57. 다음은 이미지 관리과정에 관한 설명이다. 틀린 것은?

① 이미지 점검하기　　　　　② 자신을 연출하기
③ 이미지 콘셉트 정하기　　　④ 긍정적 이미지 만들기

58. 다음은 인사 매너법에 관한 설명이다. 틀린 것은?

① 긍정적 목소리를 통해 밝은 이미지를 연출한다.
② 부드러운 미소와 온화한 표정을 유지한다.
③ 2도 정도 높은 음으로 인사말을 건넨다.
④ 평소보다 저음톤으로 인사말을 건넨다.

59. 다음 중 긍정적 서비스 이미지를 연출하기 위한 요소에 해당하지 않는 것은?

① 표정 관리　　　　　　　　② 이미지 관리
③ 원가 관리　　　　　　　　④ 유니폼 관리

60. 다음은 효율적인 구매 결정을 위한 육하원칙에 관한 설명이다. 틀린 것은?

① 필요로 하는 납품시간과 일정에 알맞도록 관리한다.
② 구매부서는 상시 재고량을 점검하지 않는다.
③ 정기적이고 면밀한 시장조사를 통해 구매 품목이 용도에 적합하도록 선정한다.
④ 관련 업체를 주기별로 평가하여 우량업체를 선정한다.

정답 54.④ 55.④ 56.② 57.② 58.④ 59.③ 60.②

Coffee Baristar

제2편

커피 바리스타 2급 실전 문제

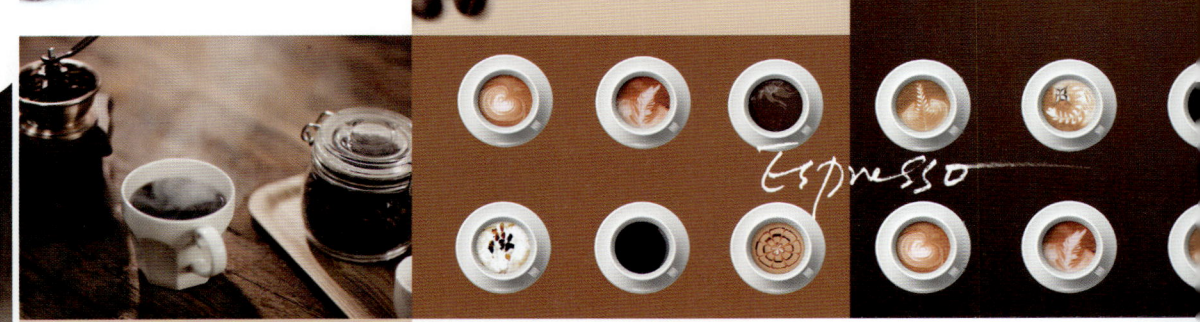

커피 바리스타 2급 실전문제 제1회

Ⅰ. 커피학개론

1. 우리나라에 1회용 인스턴트 커피가 등장한 시기로 맞는 것은?

① 아관파천 때 러시아 공사에 의해
② 네덜란드에서 돌아온 헤이그 특사에 의해
③ 6·25 전쟁 시 미군에 의해
④ 모스크바 3상 회의 때 유엔에 의해

2. 브라질 로부스타의 95% 이상을 차지한다고 알려진 품종은?

① 카투아이　　　　　　　② 코닐론
③ 문도노보　　　　　　　④ 마라고지페

3. 다음 중 로스팅 시 일어나는 현상으로 틀린 것은?

① 부피가 감소한다.
② 부서지기 쉬운 조직으로 변한다.
③ 갈색 또는 흑색으로 변한다.
④ 이산화탄소가 발생한다.

4. 커피체리 안에 생두를 감싸고 있는 딱딱한 껍질을 무엇이라 하는가?

① 실버스킨　　　　　　　② 센터 컷
③ 피베리　　　　　　　　④ 파치먼트

5. 고지대에서 재배된 생두의 특성에 대한 설명이다. 틀린 것은?
　① 고지대 일수록 단단하다.
　② 고지대 일수록 밀도가 높다.
　③ 고지대 일수록 신맛이 좋지 않다.
　④ 고지대 일수록 향과 플레이버가 풍부하다.

6. 커피의 맛과 그 원인 성분으로 틀린 것은?
　① 떫은 맛–단백질　　② 신맛–지방산
　③ 쓴맛–카페인　　　④ 단맛–당질

7. 다음 중 커피의 성분이 아닌 것은?
　① 게르마늄　　　　② 카페인
　③ 트리고넬린　　　④ 지질

8. 커피를 음료로서 처음 음용하기 시작한 나라는?
　① 이탈리아　　　　② 영국
　③ 터키　　　　　　④ 에티오피아

9. 로부스타 종에 대한 설명이다. 틀린 것은?
　① 강인한 종자로 병충해에 강하다.
　② 아라비카 종에 비해 가격이 비싼 편이다.
　③ 인스턴트 커피로 많이 이용된다.
　④ 브라질의 코닐론은 로부스타 종이다.

10. 다음 중 각각의 원두가 지닌 특성을 적절하게 배합하는 과정으로 맞는 것은?
　① 로스팅　　　　　② 블렌딩
　③ 커핑　　　　　　④ 테스팅

Coffee Baristar

11. 다음 중 로스팅 기기(머신)의 방식에 속하지 않는 것은?
① 직화식　　　　　　　　② 반열풍식
③ 열풍식　　　　　　　　④ 피스톤식

12. 생두 가공 방식 중 습식법에 대한 설명으로 틀린 것은?
① 품질이 우수하고 균일하다.
② 환경오염 문제가 생길 수 있다.
③ 대부분 아라비카 생산국이 이용한다.
④ 생산 단가가 상대적으로 낮다.

13. 세계에서 생산되는 생두의 약 70%를 차지하고 있는 커피 품종으로 맞는 것은?
① 리베리카 종　　　　　② 로부스타 종
③ 아라비카 종　　　　　④ 피베리 종

II. 커피기계학

14. 물속의 미네랄 성분이 열에 의해 농축되어 보일러 표면에 붙는 것은?
① 스케일　　　　　　　　② 스크랩
③ 피브린　　　　　　　　④ 실리카

15. 다음 중 그라인더의 부품에 속하지 않는 것은?
① 플로 메터　　　　　　② 입자 조절 레버
③ 도저　　　　　　　　　④ 호퍼

16. 커피 추출 시 포타필터 주변으로 물이 흐를 때 조치로 맞는 것은?
① 보일러에 물이 없는지 확인한다.
② 추출수 온도를 확인한다.
③ 개스킷의 상태를 확인한다.
④ 원두 분쇄 굵기를 확인한다.

17. 다음 중 독립형 보일러의 단점이 아닌 것은?
① 비교적 전기 사용량이 많다.
② 크기가 초대형인 것이 대부분이다.
③ 겨울철 동파에 취약한 편이다.
④ 상대적으로 유지보수가 어렵다.

18. 전자석의 힘을 이용한 유동추의 동작으로 물의 흐름을 이동/차단/선회하는 장치는?
① 체크 밸브 ② 에어 밸브
③ 과압력 방지 밸브 ④ 솔레노이드 밸브

19. 커피 추출기구 중 사이폰 방식의 또다른 이름으로 맞는 것은?
① 프레셔 포트 ② 램프 포트
③ 버큠 포트 ④ 피스톤 포트

20. 커피 머신 보일러 속에 위치하는 아래 그림과 같은 부품의 명칭은?

① 히터 ② 스팀 완드
③ 온수 탭 ④ PCB

21. 최초로 증기압을 이용한 커피 머신을 발명한 사람은?
① 가찌아(Gaggia) ② 파보니(Pavoni)
③ 베제라(Bezzera) ④ 유라(Jura)

22. 다음 중 커피 교육기관에서 일반적으로(특수한 경우 제외) 많이 쓰이는 커피 머신의 종류로 맞는 것은?

① 반자동 머신　　　　　　　　② 전자동 머신
③ 자동 머신　　　　　　　　　④ 수동 머신

23. 추출 기구의 역사를 시간대별로 맞게 표시한 것은?

① 드립 방식→이브릭→베큠 포트→커피 머신
② 이브릭→드립 방식→베큠 포트→커피 머신
③ 베큠 포트→이브릭→드립 방식→커피 머신
④ 이브릭→베큠 포트→드립 방식→커피 머신

24. 커피 머신 부품 중 아래 그림의 동그라미 안에 있는 명칭으로 맞는 것은?

① 홀더 스프링　　　　　　　　② 필터 홀더
③ 스파웃　　　　　　　　　　　④ 드립 트레이

25. 매장에서 권장하는 그라인더 호퍼의 청소 주기로 가장 옳은 것은?

① 매일　　　　　　　　　　　　② 일주일에 1회
③ 1개월에 1회　　　　　　　　 ④ 3개월에 1회

III. 커피추출원론

26. 라떼아트 시 전용 송곳 따위의 날카로운 도구를 이용하는 기법을 일컫는 말은?

① 팩킹　　　　　　　　　　　　② 드릴링
③ 포인팅　　　　　　　　　　　④ 에칭

27. 매장에서 커피바리스타가 지켜야 할 내용으로 틀린 것은?
① 남는 커피는 데워서 온도를 유지하라.
② 커피 잔은 예열하여 사용하라.
③ 신선한 원두를 사용하라.
④ 깨끗하고 좋은 물을 사용하라.

28. 커피와 물에 대한 설명이다. 틀린 것은?
① 커피 추출액의 99% 정도가 물이다.
② 순수한 물 자체는 중성이다.
③ 커피는 유기물이 많은 물이 좋다.
④ 커피는 염소성분이 없는 물이 좋다.

29. 생두를 로스팅할 때 가장 많이 감소되는 성분은?
① 카페인　　　　　　　② 탄수화물
③ 수분　　　　　　　　④ 지질

30. 다음 중 커피 향미에 대한 관능평가와 가장 관련이 없는 감각은?
① 시각　　　　　　　　② 후각
③ 미각　　　　　　　　④ 촉각

31. 증기의 압력, 물의 삼투압 현상을 이용하여 진공식 유리기구로 추출하는 것은?
① 체즈베　　　　　　　② 모카포트
③ 사이폰　　　　　　　④ 에어로 프레스

32. 일반적인 우유 스티밍 온도로 적절한 것은?
① 45℃~50℃　　　　　② 65℃~70℃
③ 55℃~60℃　　　　　④ 75℃~80℃

33. 핸드드립 기구 중 여과지를 올려놓고 커피를 담는 것은?
① 드립포트 ② 드립서버
③ 플라스크 ④ 드리퍼

34. 다음은 우유 스티밍에 관한 내용이다. 틀린 것은?
① 우유는 차가운 것이 유리하다.
② 스티밍 시 스팀 노즐을 전후좌우로 움직여 주는 것이 좋다.
③ 스티밍 온도가 너무 높아지면 좋은 결과를 얻을 수 없다.
④ 스티밍 전에 스팀 노즐의 잔여 수분을 제거해 주는 것이 좋다.

35. 에스프레소를 추출하기 위해 물이 공급되고 포타필터를 장착하는 곳으로 맞는 것은?
① 플로 메터 ② 보일러
③ 솔레노이드 밸브 ④ 그룹헤드

36. 다음은 스티밍 과정에 대한 설명이다. 틀린 것은?
① 스팀밸브를 먼저 작동시킨 후에 스팀노즐을 우유에 담근다.
② 부드러운 거품을 알맞게 만들어야 한다.
③ 스티밍 전에 스팀노즐에 있는 물을 빼준다.
④ 작업이 마무리되면 스팀노즐을 청소해야 한다.

37. 커피가루에 물을 머금게 한 후 천천히 추출하는 방법을 흔히 일컫는 말은?
① 프레싱 ② 머신닝
③ 부루잉 ④ 아이싱

38. 우유의 성분 중 스티밍 시 폼이 생성되는 원리와 밀접한 관계가 있는 것은?
① 미네랄 ② 비타민
③ 나트륨 ④ 지방

IV. 매장관리서비스

39. 다음은 종업원을 고용할 때 주의사항이다. 틀린 것은?
① 고용 여부는 충분한 검토기간을 거쳐 결정한다.
② 고용한 종업원은 실무처리 교육을 철저히 시켜야 한다.
③ 종업원은 자신의 이익보다 항상 사장의 이익을 먼저 생각하기 마련이다.
④ 100% 맘에 드는 종업원은 없다고 생각하는 것이 바람직하다.

40. 다음 중 고객과의 대화 시 말하는 방법으로 틀린 것은?
① 밝고 명랑한 표정으로 말한다.
② 가능한 한 영어를 많이 사용한다.
③ 말할 때 시선은 고객의 미간을 향한다.
④ 발음은 정확하고 명료하게 한다.

41. 주방의 안전사고에 관한 설명이다. 틀린 것은?
① 바닥의 물기를 제거한다.
② 음식물 찌꺼기는 정해진 곳에 버린다.
③ 기구나 뜨거운 물을 조심한다.
④ 주방 담당자와 자주 접촉한다.

42. 고객과 대화 시 사용하는 '말씨'에 관한 것 중 틀린 것은?
① 존대어를 사용한다.
② 명령형을 사용한다.
③ 긍정형을 사용한다.
④ 겸양어를 사용한다.

43. 다음은 고객 안내요령이다. 틀린 것은?
① 서로 모르는 고객끼리도 합석시킨다.
② 착석이 완료되면 메뉴판을 제공한다.
③ 연로한 고객은 되도록 입구 가까운 곳으로 안내 한다.
④ 예약 고객일 경우 준비된 테이블로 안내한다.

44. 식자재 납품업자를 선정할 때 고려해야 할 사항으로 보기 어려운 것은?
① 업자의 신용도　　　　② 품질의 신뢰성
③ 납품업자의 학력　　　④ 취급 품목

45. 식품 위생관리의 궁극적인 목적으로 맞는 것은?
① 매출 증대　　　　　② 질병 예방
③ 소비자 만족　　　　④ 상권 분석

46. 식품 보존 방법 중 화학처리에 의한 방법이 아닌 것은?
① 염장법　　　　　　② 당장법
③ 산 저장법　　　　　④ 저온 살균법

47. 다음 중 커피 포장을 신중하게 해야 하는 궁극적 목적과 무관한 것은?
① 판매를 위한 데코레이션
② 맛의 장시간 유지
③ 향의 장시간 유지
④ 공기 중의 가스나 습기 차단

48. 먼저 저장된 순서에 따라 재료를 사용하는 저장관리 방법은?
① 후입 선출법　　　　② 선입 선출법
③ 우선 선택법　　　　④ 저장위치 표시법

49. 다음 중 고객이 매장에 방문하는 경우 대기하는 자세로 바르지 않은 것은?
① 코웃음 같은 소리를 내서는 안 된다.
② 고객의 복장을 위 아래로 쳐다본다.
③ 팔짱을 껴서는 안 된다.
④ 직원들 간 크게 떠들지 않는다.

50. 다음은 주방의 안전관리 내용으로 맞지 않는 것은?

① 가스밸브는 사용 후 꼭 확인한다.
② 개인 복장은 깨끗하고 단정히 입는다.
③ 오븐이 있는 경우 온도를 확인한다.
④ 물이 있을 때 전기장비는 손대지 않는다.

정 답

1	③	2	②	3	①	4	④	5	③
6	①	7	①	8	③	9	②	10	②
11	④	12	④	13	③	14	①	15	①
16	③	17	②	18	④	19	③	20	①
21	③	22	①	23	②	24	③	25	①
26	④	27	①	28	③	29	③	30	①
31	③	32	②	33	④	34	②	35	④
36	①	37	③	38	④	39	③	40	②
41	④	42	②	43	①	44	③	45	②
46	④	47	①	48	②	49	②	50	②

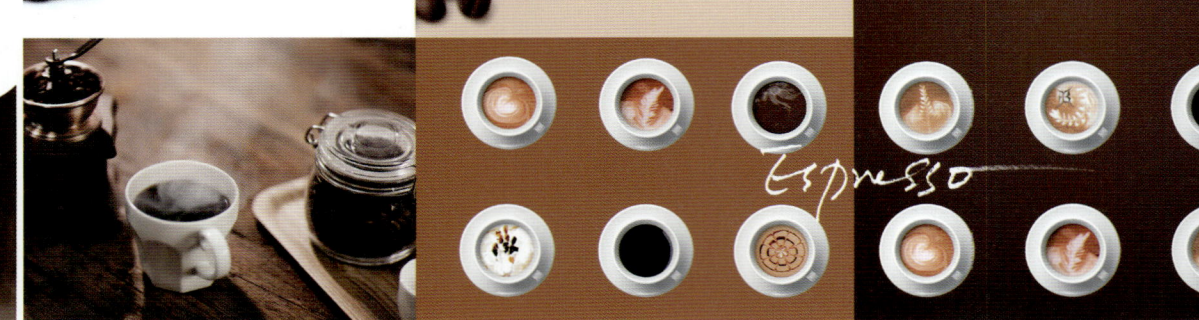

커피 바리스타 2급 실전문제 제2회

I. 커피학개론

1. 다음 설명에 적합한 커피에 관한 기원설로 맞는 것은?

> 어느 날 양치기 소년은 염소들이 빨간 열매를 먹고 흥분하여 날뛰는 모습을 보고 자신도 그 열매를 먹어보니 기분이 상쾌해짐을 느낄 수 있었다.

① 오마르의 전설　　　　　② 아비세나 발견설
③ 윌리엄 기원설　　　　　④ 칼디의 전설

2. 다음 중 커핑(Cupping)에 이용되는 감각이라고 보기 어려운 것은?

① 시각　　　　　② 후각
③ 청각　　　　　④ 미각

3. 다음 괄호 안에 들어갈 나라는?

> 한국에서 커피가 들어온 것은 1896년 아관파천 때 ( )공사가 커피나무의 열매를 들여오면서 부터이다.

① 일본　　　　　② 미국
③ 중국　　　　　④ 러시아

4. 보스턴 차(茶) 사건 이후 커피를 마셨으며 최대 소비국으로 알려진 나라는?

① 영국　　　　　② 에티오피아
③ 미국　　　　　④ 체코

5. 커피의 신선도 유지에 대한 설명이다. 틀린 것은?

① 분쇄된 커피는 맛과 향의 휘발속도가 현저히 느려진다.
② 로스팅 후 약 2주가 지나면 맛과 향이 많이 소멸된다.
③ 공기와 접촉에 의해 큰 영향을 받는다.
④ 로스팅 후 발생하는 이산화탄소가 공기를 차단하는 역할도 한다.

6. 다음 중 커피의 재배조건으로 틀린 것은?

① 서리가 잦은 지역
② 연 강수량 1,500~2,000mm
③ 배수가 좋은 화산성 토양
④ 연평균 기온 22℃

7. 다음 중 로부스타의 원산지로 알려진 나라는?

① 에티오피아
② 인도네시아
③ 콩고
④ 코트디부아르

8. 다음은 커피를 품종 개량하는 이유이다. 틀린 것은?

① 가뭄과 서리에 강한 품종을 위해
② 병충해에 강한 품종을 위해
③ 생두 사이즈를 가능한 작게 하기 위해
④ 수확량을 늘리기 위해

9. 식품이 조리나 가공 과정에서 갈색으로 변하는 것을 일컫는 말은?

① 갈변 반응
② 색소 반응
③ 침출 반응
④ 삼투압 반응

Coffee Baristar

10. 체(일정 크기의 구멍이 있음)의 통과 여부로 생두의 크기를 분류하는 방법은?

① 사이즈 메시 ② 스크린 사이즈
③ 오버 사이즈 ④ 빈 스케일

11. 커피를 과다하게 마실 경우 빠져나간다고 알려진 영양성분은?

① 나트륨 ② 비타민B
③ 지질 ④ 칼슘

12. 커피에 어떤 것의 '첨가 유무'에 따라 분류되는 명칭이 아닌 것은?

① 스트레이트 커피 ② 디카페인 커피
③ 레귤러 커피 ④ 향 커피

13. 다음은 커피나무에 관한 설명이다. 틀린 것은?

① 열매에는 대부분 두 쪽의 씨가 있다.
② 핵과 외피는 두꺼운 펄프로 싸여 있다.
③ 열매 수확량을 늘리기 위해 크기를 높게 자라게 한다.
④ 꼭두서니과의 상록수이다.

Ⅱ. 커피기계학

14. 다음은 그라인더의 호퍼에 관한 설명이다. 가장 틀린 것은?

① 물기가 있는 상태에서 사용해도 무방하다.
② 일반적으로 용량은 2kg을 많이 쓴다.
③ 원두의 오일 성분이 묻게 됨으로 청결이 중요하다.
④ Cover(뚜껑)와 원두 투입 레버로 구성된다.

15. 그룹 헤드가 동(銅) 재질로 만들어진 이유로 가장 타당한 것은?

① 온도 유지를 위해 ② 도금이 쉬워서
③ 디자인이 좋아서 ④ 내구성을 높이기 위해

16. 스파웃이 없고 에스프레소 추출 모습을 볼 수 있도록 바스켓의 바닥이 노출된 포타필터는?

① 백 프레셔 ② 더블 헤드
③ 트리플 레버 ④ 버텀 리스

17. 아래 그림 속 부품의 알맞은 명칭은?

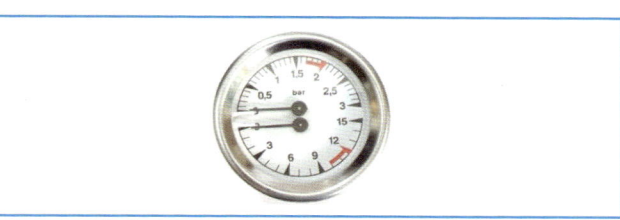

① 유량계 ② 수면 조절계
③ 보일러 압력게이지 ④ 온도계

18. 워터드립 추출방식은 어떤 힘의 작용을 이용한 것인가?

① 원심력 ② 중력
③ 항력 ④ 양력

19. 하나의 보일러로 온수, 스팀, 추출수 모두를 가열하는 방식은?

① 일체형 보일러 ② 독립형 보일러
③ 분리형 보일러 ④ 혼합형 보일러

20. 다음 중 일반적으로 9bar의 압력을 이용하여 커피를 추출하는 방식으로 옳은 것은?

① 핸드드립에 의한 추출 ② 사이폰에 의한 추출
③ 모카포트에 의한 추출 ④ 커피 머신에 의한 추출

Coffee Baristar

21. 다음 중 커피 머신의 전원이 "OFF" 된 원인과 가장 거리가 먼 것은?

① 플러그 및 콘센트 이상
② 수돗물 단수
③ 전원 스위치 불량
④ 메인 배전반 차단기 이상

22. 다음이 설명하는 커피 머신의 부품으로 옳은 것은?

- 커피 머신의 소모품이다.
- 추출할 때 물이나 압력이 밖으로 나가는 것을 막아 준다.
- 일반적으로 고무와 같은 재질로 되어 있다.
- 탄력이 없어지거나 물이 새면 교체해 준다.

① 그룹 개스킷
② 압력 게이지
③ 메인 스위치
④ 펌프 모터

23. 다음 커피 머신 부품 중 공급되는 수압이 일정 수치 이상으로 높아지면 작동되는 장치로 맞는 것은?

① 스팀 밸브
② 온수 전자밸브
③ 과수압 방지밸브
④ 펌프 모터

24. 1947년 스프링 레버에 피스톤을 연결해 압축식 커피 머신을 발명한 사람은?

① 훼마(Faema)
② 파보니(Pavoni)
③ 가찌아(Gaggia)
④ 베제라(Bezzera)

25. 다음 중 그라인더 날(Burr)의 종류로만 묶인 것은?

a. 플랫 버(Flat Burr)
b. 플래시 버(Flash Burr)
c. 드릴 버(Drill Burr)
d. 코니컬 버(Conical Burr)

① a-b
② b-c
③ a-d
④ c-d

III. 커피추출원론

26. 다음 중 좋은 에스프레소를 위한 조건에 해당하지 않는 것은?
① 커피와 물의 적정비율
② 고운 거품의 스티밍 기술
③ 추출기구의 선택과 적절한 조작
④ 추출시간에 따른 정확한 분쇄

27. 다음 중 사이폰의 구조와 관계가 없는 것은?
① 로드
② 플라스크
③ 하단 포트
④ 알코올램프 또는 버너

28. 원두 분쇄 시 고려해야 할 사항이다. 틀린 것은?
① 분쇄 시 추출방법까지 생각할 필요 없다.
② 추출 직전에 분쇄하는 것이 좋다.
③ 분쇄 시 미분 억제를 고려해야 한다.
④ 커피와 물의 접촉시간을 고려해야 한다.

29. 다음 중 알콜 성분이 들어간 메뉴로 맞는 것은?
① 카페라떼
② 아이리시 커피
③ 에스프레소 로마노
④ 카페 콘판나

30. 다음 중 스티밍 작업에 유리하며 지방 함량을 2% 이내로 줄인 우유로 맞는 것은?
① 살균 우유
② 저지방 우유
③ 멸균 우유
④ 탈지 우유

31. 다음 중 가장 오래된 추출 기구이며 터키식 커피추출에 이용되는 것은?
① 프렌치 프레스
② 클레버
③ 이브릭 또는 체즈베
④ 커피 머신

32. 다음은 크레마(Crema)에 대한 설명이다. 틀린 것은?

① 단열층 역할을 하여 커피가 식는 것을 막는 효과가 있다.
② 커피 향이 함유된 지방 성분이 많다.
③ 일반적으로 황금색이나 갈색이다.
④ 분쇄도 등의 조건이 변해도 크레마 품질은 일정하다.

33. 커피 추출 방법 중 투과법에 해당하지 않는 것은?

① 모카포트
② 프렌치 프레스
③ 핸드드립
④ 에스프레소 머신

34. 커피바리스타에게 요구되는 업무라고 보기 어려운 것은?

① 구매 대행
② 좋은 원두 선별요령
③ 친절한 고객 서비스
④ 재고 관리

35. 입안에서 느껴지는 커피의 질감, 무게감 등을 흔히 일컫는 말로 맞는 것은?

① Overall
② Body
③ Winey
④ Ashy

36. 라떼아트를 할 때 우유를 밀어 넣는 기법을 일컫는 말은?

① 푸어링
② 믹싱
③ 랜더링
④ 페인팅

37. 커피 머신을 이용한 추출 방법으로 맞는 것은?

① 달임법
② 우려내기법
③ 가압추출법
④ 여과법

38. 다음 중 핸드드립 커피의 특징이 아닌 것은?

① 부드럽고 깔끔한 맛이 특징이다.
② 기구 가격이 비교적 저렴하다.
③ 추출 기술이 중요하다.
④ 추출 시간이 신속하다.

IV. 매장관리서비스

39. 다음은 고객으로부터 주문을 받는 방법이다. 가장 틀린 것은?

① 메뉴를 설명할 때는 명료하게 한다.
② 주문은 정확하고 알아볼 수 있게 기록하는 것이 좋다.
③ 메뉴에 사용된 재료, 조리방법까지를 알아야 할 필요는 없다.
④ 주문받는 자세는 고개를 약간 숙여서 받는 것이 좋다.

40. 다음 중 창고 관리와 관계가 없는 것은?

① 재고량   ② 입고
③ 출고   ④ 신용도

41. 식자재 관리의 최종 목적으로 다음 중 옳은 것은?

① 식자재 가격 설정   ② 식자재 품질 향상
③ 식자재 수량 파악   ④ 원가 절감

42. 다음 중 식품위생법 상 식품위생교육 대상자가 아닌 것은?

① 인테리어업자   ② 식품운반업자
③ 식품보존업자   ④ 식품가공업자

43. 고객에게 사용하는 용어 중 주의해서 써야 하는 것은?

① 어서 오십시오.
② 안녕하십니까?
③ 모릅니다.
④ 죄송합니다.

44. 다음은 고객이 필기구를 찾을 때의 행동으로 바르지 않은 것은?

① 펜(심 쪽) 끝을 고객 쪽으로 향하게 건넨다.
② 두 손으로 받쳐서 건넨다.
③ 15도 각도로 건네는 것이 좋다.
④ 필기구는 항상 충분히 준비해 둔다.

45. 다음 중 물리적 살균/소독에 속하지 않는 것은?

① 자외선 살균　　　　　② 방사선 살균
③ 알코올 살균　　　　　④ 열탕 살균

46. 커피바리스타의 용모에 관한 설명이다. 틀린 것은?

① 남자의 경우 면도를 깔끔히 한다.
② 향이 강한 화장품을 사용한다.
③ 구강 청결에 주의한다.
④ 진한 화장을 하지 않는다.

47. 입고된 재료를 저장 관리하는 목적으로 가장 틀린 것은?

① 재료 폐기에 의한 손실을 최소화할 수 있다.
② 적정 재고량을 유지할 수 있다.
③ 재료 출고량을 올바르게 조절할 수 있다.
④ 인기 메뉴를 알아낼 수 있다.

48. 다음은 카페를 창업하려 할 때 준비사항으로 가장 맞지 않는 것은?

① 해당 분야의 전문 지식을 습득해야 한다.
② 카페의 컨셉을 정확히 설정한다.
③ 인테리어 비용은 가능한 많이 지출한다.
④ 정확한 상권분석을 한다.

49. 다음은 커피를 고객에게 제공하는 방법 중 바르지 않은 것은?

① 티스푼과 손잡이는 고객 왼쪽으로 향해 서비스 한다.
② 고객이 남녀인 경우 여성부터 서비스한다.
③ 연장자에게 먼저 서비스한다.
④ 커피는 트레이에 들어 운반한다.

50. 접객 서비스 중 용모에 관한 설명이다. 바람직하지 않은 것은?

① 남성은 뒷머리가 와이셔츠 깃을 넘지 말아야 한다.
② 빗을 가지고 다니면서 자주 거울을 대한다.
③ 남성은 옆머리가 귀를 덮어서는 곤란하다
④ 문신은 유행임으로 많이 할수록 좋다.

정 답

1	④	2	③	3	④	4	③	5	①
6	①	7	③	8	③	9	①	10	②
11	④	12	①	13	③	14	①	15	①
16	④	17	③	18	②	19	①	20	④
21	②	22	①	23	③	24	③	25	③
26	②	27	③	28	①	29	②	30	②
31	③	32	④	33	②	34	①	35	②
36	①	37	③	38	④	39	③	40	④
41	④	42	①	43	③	44	①	45	③
46	②	47	④	48	③	49	①	50	④

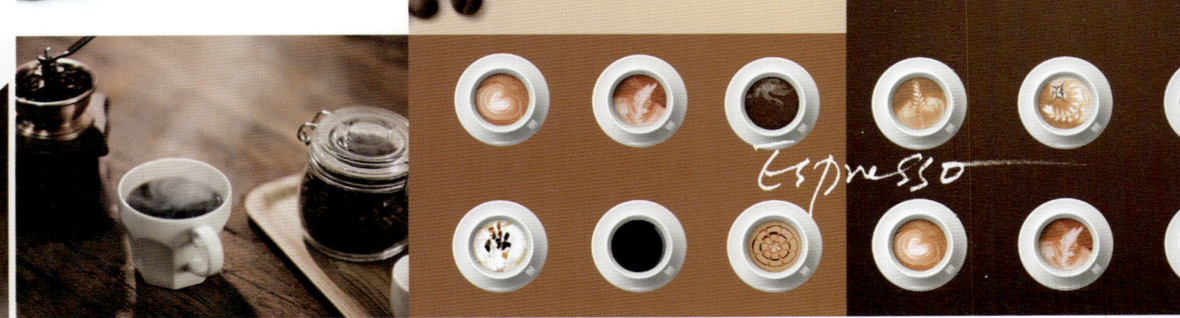

커피 바리스타 2급 실전문제 제3회

I. 커피학개론

1. 다음 중 커피 원두의 카페인 성분을 최대한 제거하여 제조한 커피를 이르는 말로 맞는 것은?

① 디카페인 커피 ② 드립 커피
③ 믹스 커피 ④ 더치 커피

2. 우리가 마시는 한 잔의 커피가 되기까지의 일반적인 과정으로 옳은 것은?

① 로스팅→체리→생두가공→그라인딩
② 그라인딩→생두가공→체리→로스팅
③ 체리→로스팅→그라인딩→생두가공
④ 체리→생두가공→로스팅→그라인딩

3. 다음 중 커피의 3대 원종에 속하지 않는 것은?

① 로부스타 ② 그린베리
③ 아라비카 ④ 리베리카

4. 커피와 같이 인체의 영양섭취보다는 심리/생리적 욕구를 만족시키기 위한 식품은?

① 생필품 ② 기호식품
③ 건강식품 ④ 완전식품

5. 다음은 커피의 기원설에 관한 이야기이다. 밑줄 친 부분에 들어갈 내용으로 맞는 것은?

> 아라비아의 이슬람교 승려인 (　)가 커피를 마신 뒤 전파되었다는 설로서 (　)가 아라비아 오우삽(Ousab)으로 추방된 산 속을 헤매다가 한 마리의 새가 빨간 열매를 쪼아 먹는 모습을 보고 그 열매를 따 먹었다는 설이다.

① 윌리엄 유커스　　② 칼디
③ 아비세나　　④ 셰이크 오마르

6. 다음은 아라비카 품종의 특징이다. 틀린 것은?

① 에티오피아가 원산지로 알려져 있다.
② 일반적으로 고지대에서 재배된다.
③ 병충해에 강하다.
④ 주로 원두커피용으로 이용된다.

7. 다음 중 로스팅 시 거치는 단계라고 보기 어려운 것은?

① 액화　　② 1차 크랙
③ 냉각　　④ 건조

8. 커피열매 속에 씨가 둥글고 하나밖에 들어있지 않은 것을 칭하는 말은?

① 실버스킨　　② 센터 컷
③ 피베리　　④ 뉴 크롭

9. 다음 중 커피 전체의 향기를 총칭하는 말로 맞는 것은?

① 아로마(Aroma)　　② 플레이버(Flavor)
③ 부케(Bouquet)　　④ 바디(Body)

Coffee Baristar

10. 아래에서 설명하는 아라비카 품종으로 맞는 것은?

> • 아라비카 원종에 가장 가까운 품종으로 알려져 있다.
> • 생두는 긴 편이고, 녹병에 취약하다.
> • 블루마운틴, 하와이 코나가 대표적인 품종이다.

① 버번 ② 티피카
③ 카투 아이 ④ 문도 노보

11. 커피메뉴 중 카푸친 수도회 수도사들이 입던 옷의색과 비슷하다는 설에 의해 이름 붙여진 것으로 맞는 것은?

① 카푸치노 ② 카페 콘판나
③ 카페 아메리카노 ④ 카페 라떼

12. 다음 중 생두를 볶아서 우리가 마시는 원두로 만드는 단계를 일컫는 말로 옳은 것은?

① 건조 단계 ② 추출 단계
③ 분쇄 단계 ④ 로스팅 단계

13. 커피가 생산되는 남위 23.5°에서 북위 23.5° 사이의 지역을 일컫는 말로 맞는 것은?

① 커피 라인 ② 커피 지대
③ 커피 벨트 ④ 그린 존

II. 커피기계학

14. 커피 머신에서 커피가 추출되는 속도가 너무 빠를 때 그 원인으로 보기 어려운 것은?

① 수도 밸브가 잠겼을 때
② 원두 투입량이 적을 때
③ 분쇄 입자가 클 때
④ 펌프 압력이 너무 높을 때

15. 다음 중 커피 머신의 작동 방식이 아닌 것은?

① 수동식   ② 반영구식
③ 반자동식   ④ 전자동식

16. 물리적/화학적 방법을 통해 물을 깨끗하게 하는 기구로 맞는 것은?

① 연수기   ② 온수기
③ 정수기   ④ 스팀기

17. 커피바리스타가 커피 머신에 대해 가져야 할 태도이다. 가장 틀린 것은?

① 기본 구조를 알아야 한다.
② 추출 원리를 알아야 한다.
③ 관리 방법을 알아야 한다.
④ 유통 방식을 알아야 한다.

18. 다음 중 그라인더 날의 재질이 아닌 것은?

① 스틸 재질   ② 세라믹 재질
③ 플라스틱 재질   ④ 티타늄 재질

19. 그룹 헤드의 개스킷에 관한 설명이다. 틀린 것은?

① 통상 교체 주기는 6~10개월로 본다.
② 교체 시 치수와 모델을 확인해야 한다.
③ 뜨거운 열의 영향을 전혀 받지 않는다.
④ 한계 수명 전에 미리 교체하는 것이 좋다.

20. 경도성분(칼슘/마그네슘 등)을 제거하여 부드러운 물로 만들어 주는 기구는?

① 연수기   ② 정수기
③ 온수기   ④ 제빙기

Coffee Baristar

21. 커피 머신 설치 시 급수와 배수에 관한 설명이다. 틀린 것은?

① 급수 라인에 차단 밸브를 설치하면 안된다.
② 배수 라인은 굴곡이 생기지 않도록 주의한다.
③ 급수 라인의 수압은 너무 약하면 안된다.
④ 배수 라인은 가능한 너무 길게 하지 않는다.

22. 다음 중 커피 머신과 관련이 없는 것은?

① 스팀 노즐
② 역류 방지 밸브
③ 펌프 모터
④ 플라스크

23. 그라인더의 도저에 담긴 분쇄 원두가 아래로 떨어지도록 조정하는 부품으로 맞는 것은?

① 레귤레이터 노브
② 서포트 포크
③ 도저 레버
④ 호퍼 게이트

24. 전자석의 원리를 이용하여 온수의 흐름을 통제하는 부품으로 맞는 것은?

① 온수 워터 펌프
② 온수 게이지
③ 온수 전자밸브
④ 스팀 완드

25. 다음 중 일반적으로 많이 사용되는 그라인더 분쇄 날의 크기에 속하는 것은?

① 64mm
② 95mm
③ 80mm
④ 105mm

III. 커피추출원론

26. 다음 중 가장 오래된 추출 기구이며 터키식 커피추출에 이용되는 것은?

① 프렌치 프레스
② 클레버
③ 이브릭 또는 체즈베
④ 커피 머신

27. 일반적인 우유 스티밍 온도로 적절한 것은?

① 45℃~50℃ ② 55℃~60℃
③ 65℃~70℃ ④ 75℃~80℃

28. 커피 머신으로 추출할 때 일반적인 과정으로 바른 것은?

① 포타필터 분리→그라인딩→탬핑→추출→넉 박스에 버리기
② 탬핑→그라인딩→포타필터 분리→추출→넉 박스에 버리기
③ 포타필터 분리→추출→탬핑→그라인딩→넉 박스에 버리기
④ 그라인딩→추출→탬핑→포타필터 분리→넉 박스에 버리기

29. 다음 중 에스프레소와 관련이 없는 단어는?

① 빠르다 ② Express
③ 데미타세 ④ 융 필터

30. 커피와 물에 대한 설명이다. 틀린 것은?

① 커피 추출액의 99% 정도가 물이다.
② 커피는 유기물이 많은 물이 좋다.
③ 순수한 물 자체는 중성이다.
④ 커피는 염소성분이 없는 물이 좋다.

31. 다음 중 에스프레소 추출 요소가 아닌 것은?

① 그라인딩 ② 탬핑
③ 도징 ④ 클린징

32. 우유의 성분 중 스티밍 시 폼이 생성되는 원리와 밀접한 관계가 있는 것은?

① 지방 ② 비타민
③ 나트륨 ④ 미네랄

Coffee Baristar

33. 라떼아트 시 폼 밀크를 부을 때 중요한 포인트라고 보기 어려운 것은?

① 높이
② 유속
③ 압력
④ 유량

34. 핸드 드립 추출 시 뜸들이기(불림)를 하는 이유로 가장 틀린 것은?

① 추출 온도 상승
② 탄산가스 배출
③ 향과 맛 성분의 원활한 추출
④ 물의 접촉면적 확보

35. '스팀 피처를 이용해 폼 밀크를 에스프레소에 부으면서 흔들다'는 의미로 맞는 것은?

① 쉐이킹
② 핸들링
③ 그라인딩
④ 휘핑

36. 다음 중 커피 향기의 강도를 나타내는 용어가 아닌 것은?

① Rich(리치)
② Rounded(라운디드)
③ Full(풀)
④ Woody(우디)

37. 커피 향기의 강도 중 '향기가 전혀 없을 때'를 나타내는 용어는?

① Flat(플랫)
② Rich(리치)
③ Spicy(스파이시)
④ Caramel(카라멜)

38. 다음은 드립 포트에 관한 설명이다. 틀린 것은?

① 주둥이를 통상 학구(鶴口)라고 한다.
② 배출구는 S자형보다 직선형이 좋다.
③ 배출구가 가늘수록 물의 힘은 약해진다.
④ 사용 후 뒤집어 보관하는 것이 좋다.

Ⅳ. 매장관리서비스

39. 매장에서 유니폼을 입는 경우에 관한 설명이다. 틀린 것은?
① 깨끗하고 정해진 것을 착용한다.
② 명찰이 있다면 정해진 위치에 착용한다.
③ 포켓에 불필요한 것들을 넣지 않는다.
④ 와이셔츠 옷자락이 바지 밖으로 나오게 입는다.

40. 다음은 종업원을 고용할 때 주의사항이다. 틀린 것은?
① 고용 여부는 충분한 검토기간을 거쳐 결정한다.
② 고용한 종업원은 실무처리 교육을 철저히 시켜야 한다.
③ 종업원은 자신의 이익보다 항상 사장의 이익을 먼저 생각하기 마련이다.
④ 100% 맘에 드는 종업원은 없다고 생각하는 것이 바람직하다.

41. 매장의 화재 예방에 관한 내용이다. 맞지 않는 것은?
① 인화물질 방치 여부를 사전에 점검한다.
② 방화문이 있는 경우 작동 여부를 수시로 점검한다.
③ 소화기구 적재를 수시로 확인한다.
④ 소화기 위치는 수시로 변경한다.

42. 자격을 갖춘 특정인과 경쟁 없이 체결하는 계약 방식은?
① 경쟁입찰 방식　　　　② 수의계약 방식
③ 단가계약 방식　　　　④ 명세계약 방식

43. 매장에서 적극적인 서비스로 얻을 수 있는 효과라고 볼 수 없는 것은?
① 홍보비 절감　　　　② 판매수익 증대
③ 저장능력 유도　　　　④ 고객의 재방문

44. 아로마 밸브(Aroma Valve)를 포장지에 부착하는 포장 기법은?

① 원웨이 포장　　　　　② 진공 포장
③ 밸브 포장　　　　　　④ 질소 포장

45. 다음 중 식자재 관리범위에 속하지 않는 것은?

① 서비스　　　　　　　② 구매
③ 검수　　　　　　　　④ 저장

46. 다음은 고객 분실물을 습득했을 때의 행동 수칙이다. 틀린 것은?

① 귀중품인 경우 경찰서 등에 신고한다.
② 분실물은 관리 대장에 기록하는 것이 좋다.
③ 일정 기간이 지나도 주인이 없으면 임의로 처분한다.
④ 분실물 서비스 품질이 업장의 이미지를 높일 수 있다.

47. 식음료 부분 종사원이 갖춰야 할 일반적 요건으로 맞지 않는 것은?

① 봉사성　　　　　　　② 청결성
③ 호전성　　　　　　　④ 정직성

48. 고객의 불평처리에 관한 내용이다. 틀린 것은?

① 항상 긍정적 자세로 불평 원인을 파악해야 한다.
② 서비스만 완벽하면 불평이 생길 수 없다.
③ 동일한 불평이 반복되지 않도록 조치해야 한다.
④ 만족할 만한 불평처리는 매장의 신뢰감을 높일 수 있다.

49. 다음은 환송 서비스에 관한 설명이다. 틀린 것은?

① 출구 쪽 방향으로 정중히 안내한다.
② 영접 서비스에 비해 중요성은 떨어진다.
③ 테이블 주위에 분실물이 없는지 확인한다.
④ 거동 불편고객은 엘리베이터까지 정중히 안내한다.

50. 다음 중 커피 매장 위생관리의 범위가 아닌 것은?

① 개인위생　　　　　　　② 주방위생
③ 식품위생　　　　　　　④ 정신위생

정답

1	①	2	④	3	②	4	②	5	④
6	③	7	①	8	③	9	③	10	②
11	①	12	④	13	③	14	①	15	②
16	③	17	④	18	③	19	③	20	①
21	①	22	④	23	③	24	③	25	①
26	③	27	③	28	①	29	④	30	②
31	④	32	①	33	③	34	①	35	②
36	④	37	①	38	②	39	④	40	③
41	④	42	②	43	③	44	③	45	①
46	③	47	③	48	②	49	②	50	④

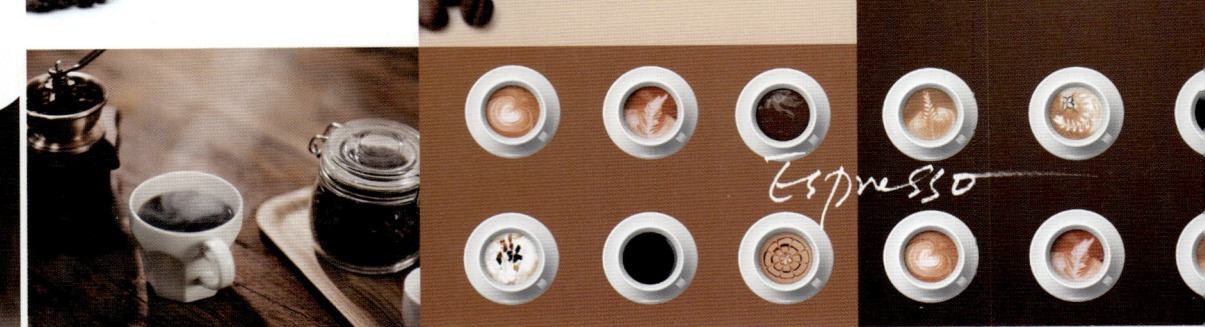

커피 바리스타 2급 실전문제 제4회

I. 커피학개론

1. 커피의 맛을 감별하는 행위를 일컫는 말로 맞는 것은?

① 커핑
② 테스팅
③ 그라인딩
④ 블렌딩

2. 로부스타 종에 대한 설명이다. 틀린 것은?

① 강인한 종자로 병충해에 강하다.
② 아라비카 종에 비해 가격이 비싼 편이다.
③ 인스턴트 커피로 많이 이용된다.
④ 브라질의 코닐론은 로부스타 종이다.

3. 다음 중 총독 부인과 스페인 연대장의 로맨틱한 상황에서 커피가 전파되었다는 나라는?

① 독일
② 브라질
③ 프랑스
④ 이탈리아

4. 우리나라에 1회용 인스턴트 커피가 등장한 시기로 맞는 것은?

① 아관파천 때 러시아 공사에 의해
② 네덜란드에서 돌아온 헤이그 특사에 의해
③ 모스크바 3상 회의 때 유엔에 의해
④ 6·25 전쟁 시 미군에 의해

5. 고지대에서 재배된 생두의 특성에 대한 설명이다. 틀린 것은?

① 고지대 일수록 신맛이 좋지 않다.
② 고지대 일수록 밀도가 높다.
③ 고지대 일수록 단단하다.
④ 고지대 일수록 향과 플레이버가 풍부하다.

6. 커피를 음료로서 처음 음용하기 시작한 나라는?

① 이탈리아　　　　　　② 영국
③ 터키　　　　　　　　④ 에티오피아

7. 커피의 맛과 그 원인 성분으로 틀린 것은?

① 쓴맛-카페인　　　　② 신맛-지방산
③ 떫은 맛-단백질　　　④ 단맛-당질

8. "커피의 황제"로 불리는 블루마운틴 커피를 생산하는 나라는?

① 자메이카　　　　　　② 과테말라
③ 콜롬비아　　　　　　④ 예멘

9. 우리가 사용하는 (舊)SCAA 로스팅 분류에서 "SCAA"가 뜻하는 단체는?

① 유럽스페셜티커피협회　　② 일본스페셜티커피협회
③ 미국스페셜티커피협회　　④ 국제커피테이스팅협회

10. 로스팅 8단계 분류법 중 가장 강한 로스팅 단계로 맞는 것은?

① 이탈리안　　　　　　② 풀 시티
③ 시나몬　　　　　　　④ 라이트

Coffee Baristar

11. 다음은 커피나무에 관한 설명이다. 틀린 것은?

① 꼭두서니과의 상록수이다.
② 핵과 외피는 두꺼운 펄프로 싸여 있다.
③ 열매에는 대부분 두 쪽의 씨가 있다.
④ 열매 수확량을 늘리기 위해 크기를 높게 자라게 한다.

12. 다음 중 생두 가공방식에 속하지 않는 것은?

① 건식법　　　　　　　　　② 습식법
③ 스프리트법　　　　　　　④ 반건식법

13. 다음 중 위험요인을 분석하고 위험에 관계되는 중요한 점을 관리하는 식품안전관리 제도로 맞는 것은?

① HACCP 제도　　　　　　② NPS 제도
③ NFSI 제도　　　　　　　④ NGO 제도

II. 커피기계학

14. 커피 머신 중 우유를 데울 때나 거품을 낼 때 사용하는 것으로서 구멍이 2~5개로 이루어진 것은?

① 스파웃　　　　　　　　　② 스팀 노즐
③ 스팀 밸브　　　　　　　　④ 포타필터

15. 다음 중 독립형 보일러의 단점이 아닌 것은?

① 비교적 전기 사용량이 많다.
② 크기가 초대형인 것이 대부분이다.
③ 겨울철 동파에 취약한 편이다.
④ 상대적으로 유지보수가 어렵다.

16. 그룹 헤드가 동(銅) 재질로 만들어진 이유로 가장 타당한 것은?

① 내구성을 높이기 위해
② 도금이 쉬워서
③ 디자인이 좋아서
④ 온도 유지를 위해

17. 커피 머신 보일러 안에서 물을 데우는 역할을 하는 부품으로 맞는 것은?

① 수위 감지봉
② 히터
③ 에어 밸브
④ 지글러

18. 다음 중 일반적으로 9bar의 압력을 이용하여 커피를 추출하는 방식으로 옳은 것은?

① 핸드드립에 의한 추출
② 커피 머신에 의한 추출
③ 모카포트에 의한 추출
④ 사이폰에 의한 추출

19. 1947년 스프링 레버에 피스톤을 연결해 압축식 커피 머신을 발명한 사람은?

① 훼마(Faema)
② 파보니(Pavoni)
③ 베제라(Bezzera)
④ 가찌아(Gaggia)

20. 커피와 같이 인체의 영양섭취보다는 심리/생리적 욕구를 만족시키기 위한 식품은?

① 생필품
② 기호식품
③ 건강식품
④ 완전식품

21. 커피 머신을 설치할 때 전기에 관한 설명이다. 틀린 것은?

① 적절한 용량의 차단기와 함께 연결하는 것이 좋다.
② 물을 사용함으로 안전을 위해 접지를 하는 것이 좋다.
③ 머신의 전력은 일반 가전제품에 비해 높다.
④ 콘센트는 일반 가정용 콘센트를 사용한다.

22. 다음은 그라인더에 관한 설명이다. 틀린 것은?

① 에스프레소 결과물에 지대한 영향을 미친다.
② 에스프레소 품질에서 흔히 그라인더의 비중을 간과하는 경우가 많다.
③ 그라인더는 제조사마다 조금씩 운용의 차이가 있다.
④ 그라인더 분쇄도 조정까지를 바리스타가 습득할 필요는 없다.

23. 워터드립 추출방식은 어떤 힘의 작용을 이용한 것인가?

① 원심력　　　　　　　　　　② 중력
③ 항력　　　　　　　　　　　④ 양력

24. 커피 머신에서 떨어지는 물을 받아 배수관으로 흘려주는 받침대의 명칭은?

① 급수 어셈블리　　　　　　② 에어 핀
③ 드립 트레이　　　　　　　④ 바이메탈

25. 커피 추출 시 포타필터 주변으로 물이 흐를 때 조치로 맞는 것은?

① 보일러에 물이 없는지 확인한다.
② 추출수 온도를 확인한다.
③ 개스킷의 상태를 확인한다.
④ 원두 분쇄 굵기를 확인한다.

III. 커피추출원론

26. 커피가루에 9bar의 압력으로 뜨거운 물을 가하여 짧은 시간 동안 추출한 커피로 맞는 것은?

① 마끼아또　　　　　　　　② 에스프레소
③ 아메리카노　　　　　　　④ 카푸치노

27. 2배(Double)라는 의미의 이탈리아어로, 2잔 분량의 에스프레소를 한 잔에 담은 커피로 맞는 것은?

① 콘 판나 ② 카페 로열
③ 카페 칼루아 ④ 도피오

28. 우유에 수증기를 불어넣어 거품을 만드는 과정을 일컫는 것은?

① 스티밍 ② 태핑
③ 도징 ④ 팩킹

29. 라떼아트 시 전용 송곳 따위의 날카로운 도구를 이용하는 기법을 일컫는 말은?

① 팩킹 ② 드릴링
③ 포인팅 ④ 에칭

30. (사)한국커피바리스타협회의 커피바리스타 2급 실기에서 요구하는 에스프레소 추출량의 범위는?

① 10~20㎖ ② 20~30㎖
③ 30~40㎖ ④ 40~50㎖

31. 커피와 물에 대한 설명이다. 틀린 것은?

① 커피 추출액의 99% 정도가 물이다.
② 순수한 물 자체는 중성이다.
③ 커피는 유기물이 많은 물이 좋다.
④ 커피는 염소성분이 없는 물이 좋다.

32. 다음은 드립 포트에 관한 설명이다. 틀린 것은?

① 주둥이를 통상 학구(鶴口)라고 한다.
② 배출구는 S자형보다 직선형이 좋다.
③ 배출구가 가늘수록 물의 힘은 약해진다.
④ 사용 후 뒤집어 보관하는 것이 좋다.

Coffee Baristar

33. 이탈리아어로 '길다'는 뜻으로 에스프레소를 시간상 길게 추출한 커피를 가리키는 것은?

① 도피오   ② 룽고
③ 리스트레또   ④ 마끼아또

34. 다음 중 알콜 성분이 들어간 메뉴로 맞는 것은?

① 카페라떼   ② 에스프레소 로마노
③ 아이리시 커피   ④ 카페 콘판나

35. 다음 중 아래 박스 안에 있는 기구들을 사용하여 추출하는 방법으로 맞는 것은?

> 포트, 드립퍼, 페이퍼 필터, 융 필터

① 더치 커피   ② 프렌치 프레스
③ 핸드드립   ④ 모카포트

36. 다음 중 커피의 3대 원종에 속하지 않는 것은?

① 로부스타   ② 아라비카
③ 그린베리   ④ 리베리카

37. 증기의 압력, 물의 삼투압 현상을 이용하여 진공식 유리기구로 추출하는 것은?

① 체즈베   ② 모카포트
③ 사이폰   ④ 에어로 프레스

38. 생두를 로스팅할 때 가장 많이 감소되는 성분은?

① 카페인   ② 탄수화물
③ 수분   ④ 지질

IV. 매장관리서비스

39. 고객과 전화 응대에 관한 설명이다. 틀린 것은?

① 전화를 놓을 때는 고객이 끊기 전에 미리 끊는다.
② 수화기를 들면 업장명, 이름을 말한다.
③ 대화를 할 때는 분명하고 정중하게 한다.
④ 전화 받기 전 메모지, 볼펜 등을 항상 준비해 놓는다.

40. 다음은 식자재 관리의 원칙에 관한 설명이다. 틀린 것은?

① 불필요한 식자재 구입을 차단한다.
② 저장 관리에 신경을 많이 쓴다.
③ 재고 물량은 많을수록 유리하다.
④ '식자재는 곧 현금이다'라는 인식을 갖는다.

41. 다음은 고객이 떠난 후 테이블 정리 정돈에 관한 사항이다. 가장 틀린 것은?

① 정리는 위생적이고 신속하게 한다.
② 고객이 자리에서 일어나자마자 정리를 시작한다.
③ 사용된 기물은 종류별로 세척 공간으로 운반한다.
④ 정리할 때는 옆 테이블 고객에게 방해가 되지 않도록 한다.

42. 다음 중 커피 원두의 카페인 성분을 최대한 제거하여 제조한 커피를 이르는 말로 맞는 것은?

① 더치 커피　　　　　② 드립 커피
③ 믹스 커피　　　　　④ 디카페인 커피

43. 접객 서비스 중 용모에 관한 설명이다. 바람직하지 않은 것은?

① 남성은 뒷머리가 와이셔츠 깃을 넘지 말아야 한다.
② 빗을 가지고 다니면서 자주 거울을 대한다.
③ 문신은 유행임으로 많이 할수록 좋다.
④ 남성은 옆머리가 귀를 덮어서는 곤란하다.

Coffee Baristar

44. 다음 중 커피바리스타가 고객에게 보이는 태도로서 올바르지 않은 것은?

① 고객을 교육시켜 알리려는 태도가 중요하다.
② 고객의 입장에서 생각해 본다.
③ 고객과의 시선은 안정적으로 유지한다.
④ 고객의 말을 경청한다.

45. 다음은 종업원을 고용할 때 주의사항이다. 틀린 것은?

① 고용 여부는 충분한 검토기간을 거쳐 결정한다.
② 고용한 종업원은 실무처리 교육을 철저히 시켜야 한다.
③ 종업원은 자신의 이익보다 항상 사장의 이익을 먼저 생각하기 마련이다.
④ 100% 맘에 드는 종업원은 없다고 생각하는 것이 바람직하다.

46. 다음 중 커피 포장을 신중하게 해야 하는 궁극적 목적과 무관한 것은?

① 판매를 위한 데코레이션
② 맛의 장시간 유지
③ 향의 장시간 유지
④ 공기 중의 가스나 습기 차단

47. 인기는 낮지만 수익성이 높은 메뉴가 있을 경우 대처방안으로 틀린 것은?

① 가격을 조금 낮춘다.
② 적극적인 추천 판매를 한다.
③ 재빠르게 다른 메뉴로 교체한다.
④ 메뉴판 최상의 위치에 배치시킨다.

48. 다음은 구매명세서를 이용할 때의 장점이다. 틀린 것은?

① 납품업자 선정에 유리
② 경제적인 구매 가능
③ 명료한 의사소통 가능
④ 원가관리의 기초자료로 사용

49. 다음은 고객이 필기구를 찾을 때의 행동으로 바르지 않은 것은?

① 15도 각도로 건네는 것이 좋다.
② 두 손으로 받쳐서 건넨다.
③ 펜(심 쪽) 끝을 고객 쪽으로 향하게 건넨다.
④ 필기구는 항상 충분히 준비해 둔다.

50. 주방의 안전사고에 관한 설명이다. 틀린 것은?

① 바닥의 물기를 제거한다.
② 음식물 찌꺼기는 정해진 곳에 버린다.
③ 기구나 뜨거운 물을 조심한다.
④ 주방 담당자와 자주 접촉한다.

정 답

1	①	2	②	3	②	4	④	5	①
6	③	7	③	8	①	9	③	10	①
11	④	12	③	13	①	14	②	15	②
16	④	17	②	18	②	19	④	20	②
21	④	22	④	23	②	24	③	25	③
26	②	27	④	28	①	29	④	30	②
31	③	32	②	33	②	34	③	35	③
36	③	37	③	38	③	39	①	40	③
41	②	42	④	43	③	44	①	45	③
46	①	47	③	48	①	49	③	50	④

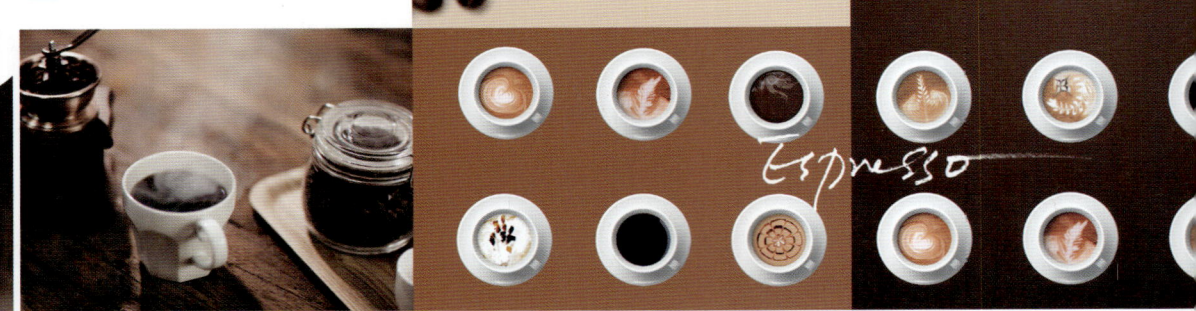

커피 바리스타 2급 실전문제 제5회

I. 커피학개론

1. 다음 중 원두커피 보관법으로 바르지 않은 것은?

① 직사광선을 피하는 것이 좋다.
② 밀봉하여 보관하는 것이 좋다.
③ 냉동 보관하는 것이 좋다.
④ 적절한 보관용기를 사용하는 것이 좋다.

2. 1878년경 묘목이 들어오면서 동양으로 커피를 처음 들여왔다고 알려진 국가는?

① 일본 ② 태국
③ 중국 ④ 몽골

3. 현재 커피의 원산지라고 가장 잘 알려져 있는 나라로 맞는 것은?

① 미국터키 ② 브라질
③ 터키 ④ 에티오피아

4. 다음 중 커피 원두의 카페인 성분을 최대한 제거하여 제조한 커피를 이르는 말로 맞는 것은?

① 드립 커피 ② 디카페인 커피
③ 믹스 커피 ④ 더치 커피

5. 생두 가공 방식 중 습식법에 대한 설명으로 틀린 것은?

① 품질이 우수하고 균일하다.
② 생산 단가가 상대적으로 낮다.
③ 대부분 아라비카 생산국이 이용한다.
④ 환경오염 문제가 생길 수 있다.

6. 커피의 유럽 전파에 관한 설명이다. 틀린 것은?

① 처음에는 만병통치약으로 유럽에 소개되었다.
② 1616년경 네덜란드 상인에 의해 원두가 유럽으로 밀반출 되었다.
③ 프랑스는 루이 14세가 커피나무를 선물 받으면서부터 전래되었다.
④ 유럽 전파 당시 아랍인에 의해 커피 종자도 자유롭게 거래되었다.

7. 다음 핸드 피킹(Hand Picking)에 대한 설명 중 틀린 것은?

① 커피 품질이 우수하다.
② 대부분 건식가공 국가에서 사용한다.
③ 비용이 많이 든다.
④ 손으로 일일이 수확한다는 의미이다.

8. 커피체리 안에 생두를 감싸고 있는 딱딱한 껍질을 무엇이라 하는가?

① 실버스킨   ② 센터 컷
③ 피베리   ④ 파치먼트

9. 커피의 신선도 유지에 대한 설명이다. 틀린 것은?

① 분쇄된 커피는 맛과 향의 휘발속도가 현저히 느려진다.
② 로스팅 후 약 2주가 지나면 맛과 향이 많이 소멸된다.
③ 공기와 접촉에 의해 큰 영향을 받는다.
④ 로스팅 후 발생하는 이산화탄소가 공기를 차단하는 역할도 한다.

Coffee Baristar

10. 다음 중 수확한 지 1년 미만 정도의 생두를 흔히 일컫는 말은?

① 패스트 크롭 ② 올드 크롭
③ 뉴 크롭 ④ 세미 패스트 크롭

11. 커피를 삼킨 후 혀 뒤끝 부분에서 느끼는 후미를 표현한 것은[(舊)SCAA 기준]?

① Flavor ② Aftertaste
③ Acidity ④ Body

12. 다음 중 로스팅 기기(머신)의 방식에 속하지 않는 것은?

① 직화식 ② 피스톤식
③ 열풍식 ④ 반열풍식

13. 다음 중 커피를 산패 시키는 원인이 아닌 것은?

① 산소 ② 온도
③ 습도 ④ 고도

II. 커피기계학

14. 커피 머신 부품 중 세제나 약품으로 청소할 필요가 전혀 없는 것은?

① 그룹 헤드 ② 스팀 완드그룹 헤드
③ 포타필터 ④ 펌프 헤드

15. 다음은 에스프레소 추출 속도에 대한 설명이다. 틀린 것은?

① 원두가 신선할수록 추출이 느려진다.
② 도징량이 적으면 추출이 빨라진다.
③ 펌프 압력이 낮으면 추출이 빨라진다.
④ 분쇄 굵기가 가늘면 추출이 느려진다.

16. 커피 추출기구 중 사이폰 방식의 또다른 이름으로 맞는 것은?

① 버큠 포트　　　　　　　② 램프 포트
③ 프레셔 포트　　　　　　④ 피스톤 포트

17. 다음 중 커피 머신의 그룹 헤드와 관련이 없는 것은?

① 호퍼 게이트　　　　　　② 샤워 스크린
③ 샤워 홀더　　　　　　　④ 그룹 개스킷

18. 커피 머신 보일러 내부의 공기를 빼주는 부품으로 맞는 것은?

① 스팀 팁　　　　　　　　② 콘덴서
③ 에어 밸브　　　　　　　④ 솔레노이드 밸브

19. 다음 중 커피 머신의 작동 방식이 아닌 것은?

① 전자동식　　　　　　　② 수동식
③ 반자동식　　　　　　　④ 반영구식

20. 수동 그라인더에는 존재하고 자동 그라인더에는 없는 부품은?

① 호퍼　　　　　　　　　② 도저 레버
③ 호퍼 게이트　　　　　　④ 입자 조절 레버

21. 추출 기구의 역사를 시간대별로 맞게 표시한 것은?

① 베큠 포트→이브릭→드립 방식→커피 머신
② 드립 방식→이브릭→베큠 포트→커피 머신
③ 이브릭→드립 방식→베큠 포트→커피 머신
④ 이브릭→베큠 포트→드립 방식→커피 머신

Coffee Baristar

22. 다음 커피 머신 부품 중 공급되는 수압이 일정 수치 이상으로 높아지면 작동되는 장치로 맞는 것은?

① 과수압 방지밸브 ② 스팀 밸브
③ 펌프 모터 ④ 온수 전자밸브

23. 최초로 증기압을 이용한 커피 머신을 발명한 사람은?

① 가찌아(Gaggia) ② 파보니(Pavoni)
③ 베제라(Bezzera) ④ 유라(Jura)

24. 전자석의 힘을 이용한 유동추의 동작으로 물의 흐름을 이동/차단/선회하는 장치는?

① 체크 밸브 ② 에어 밸브
③ 과압력 방지 밸브 ④ 솔레노이드 밸브

25. 커피바리스타가 커피 머신에 대해 가져야 할 태도이다. 가장 틀린 것은?

① 기본 구조를 알아야 한다.
② 추출 원리를 알아야 한다.
③ 관리 방법을 알아야 한다.
④ 유통 방식을 알아야 한다.

III. 커피추출원론

26. 다음 중 커피 향미에 대한 관능평가와 가장 관련이 없는 감각은?

① 미각 ② 후각
③ 시각 ④ 촉각

27. 드립퍼 내부의 튀어나온 요철 부분의 명칭은?

① 리브 ② 추출구
③ 여과지 ④ 포트

28. 다음 중 휘핑기에 많이 사용되는 가스는 무엇인가?

① 산소 ② 탄소
③ 질소 ④ 수소

29. 원두 분쇄 시 고려해야 할 사항이다. 틀린 것은?

① 커피와 물의 접촉시간을 고려해야 한다.
② 추출 직전에 분쇄하는 것이 좋다.
③ 분쇄 시 추출방법까지 생각할 필요 없다.
④ 분쇄 시 미분 억제를 고려해야 한다.

30. 라떼아트를 할 때 우유를 밀어 넣는 기법을 일컫는 말은?

① 랜더링 ② 믹싱
③ 페인팅 ④ 푸어링

31. 다음은 우유 스티밍에 관한 내용이다. 틀린 것은?

① 스티밍 시 스팀 노즐을 전후좌우로 움직여 주는 것이 좋다.
② 우유는 차가운 것이 유리하다.
③ 스티밍 온도가 너무 높아지면 좋은 결과를 얻을 수 없다.
④ 스티밍 전에 스팀 노즐의 잔여 수분을 제거해 주는 것이 좋다.

32. 에스프레소를 추출하기 위해 물이 공급되고 포타필터를 장착하는 곳으로 맞는 것은?

① 플로 메터 ② 보일러
③ 솔레노이드 밸브 ④ 그룹헤드

33. 다음 중 에스프레소 성분이 과소 추출되는 경우가 아닌 것은?

① 분쇄 입자가 너무 굵다. ② 물의 온도가 낮다.
③ 추출 시간이 너무 길다. ④ 커피가 적정량보다 적게 사용됐다.

34. 다음 메뉴 중 우유가 들어가지 않은 것은?

① 카페 콘판나
② 카푸치노
③ 카페 라떼
④ 라떼 마끼아또

35. 다음 중 좋은 에스프레소를 위한 조건에 해당하지 않는 것은?

① 커피와 물의 적정비율
② 고운 거품의 스티밍 기술
③ 추출기구의 선택과 적절한 조작
④ 추출시간에 따른 정확한 분쇄

36. 우리가 마시는 한 잔의 커피가 되기까지의 일반적인 과정으로 옳은 것은?

① 로스팅→체리→생두가공→그라인딩
② 그라인딩→생두가공→체리→로스팅
③ 체리→로스팅→그라인딩→생두가공
④ 체리→생두가공→로스팅→그라인딩

37. 생우유에 함유된 지방 알갱이를 부수는 조작을 지칭하는 것은?

① 우유의 고착화
② 우유의 균질화
③ 우유의 지방화
④ 우유의 인지화

38. 다음은 스티밍 과정에 대한 설명이다. 틀린 것은?

① 스티밍 전에 스팀노즐에 있는 물을 빼준다.
② 부드러운 거품을 알맞게 만들어야 한다.
③ 스팀밸브를 먼저 작동시킨 후에 스팀노즐을 우유에 담근다.
④ 작업이 마무리되면 스팀노즐을 청소해야 한다.

Ⅳ. 매장관리서비스

39. 고객의 분실물 신고 접수 시 기록하는 사항이 아닌 것은?
① 분실 장소
② 분실 일시
③ 분실자 성별
④ 보관 담당자

40. 고객에게 물을 서비스 할 때 행동으로 틀린 것은?
① 잔을 반드시 손으로 잡고 물을 따른다.
② 테이블에 물방울이 떨어지지 않도록 한다.
③ 워터 피처를 사용하는 것이 좋다.
④ 잔의 8부 정도를 따르는 것이 좋다.

41. 다음 중 주방에 발생하는 사고 원인으로 보기 어려운 것은?
① 시설 및 장비 관리 소홀
② 전기와 가스 사용 부주의
③ 식재료 보존 실패
④ 작업자들의 피로감

42. 커피 매장 직원관리에 대한 설명이다. 틀린 것은?
① 가족경영 형태도 고려할 만하다.
② 직원 수를 가급적 늘린다.
③ 인간적 유대관계를 형성한다.
④ 일정 권한을 주고 임하게 한다.

43. 고객과 대화 시 사용하는 '말씨'에 관한 것 중 틀린 것은?
① 존대어를 사용한다.
② 명령형을 사용한다.
③ 긍정형을 사용한다.
④ 겸양어를 사용한다.

44. 다음은 Selling Up(판매 기술)에 관한 내용이다. 틀린 것은?

① 'No(아니요)'라는 단어를 두려워 말아야 한다.
② Selling Up의 목적은 매출 극대화이다.
③ 메뉴 추천을 주저하지 말아야 한다.
④ 메뉴 추천은 피상적으로 하는 것이 좋다.

45. 접객 서비스 중 용모에 관한 설명이다. 바람직하지 않은 것은?

① 남성은 뒷머리가 와이셔츠 깃을 넘지 말아야 한다.
② 빗을 가지고 다니면서 자주 거울을 대한다.
③ 문신은 유행임으로 많이 할수록 좋다.
④ 남성은 옆머리가 귀를 덮어서는 곤란하다.

46. 다음 중 고객이 매장에 방문하는 경우 대기하는 자세로 바르지 않은 것은?

① 코웃음 같은 소리를 내서는 안 된다.
② 고객의 복장을 위 아래로 쳐다본다.
③ 팔짱을 껴서는 안 된다.
④ 직원들 간 크게 떠들지 않는다.

47. 먼저 저장된 순서에 따라 재료를 사용하는 저장관리 방법은?

① 선입 선출법　　　　　　② 후입 선출법
③ 우선 선택법　　　　　　④ 저장위치 표시법

48. 매장의 화재 예방에 관한 내용이다. 맞지 않는 것은?

① 소화기 위치는 수시로 변경한다.
② 방화문이 있는 경우 작동 여부를 수시로 점검한다.
③ 인화물질 방치 여부를 사전에 점검한다.
④ 소화기구 적재를 수시로 확인한다.

49. 매장에서 유니폼을 입는 경우에 관한 설명이다. 틀린 것은?

① 깨끗하고 정해진 것을 착용한다.
② 와이셔츠 옷자락이 바지 밖으로 나오게 입는다.
③ 명찰이 있다면 정해진 위치에 착용한다.
④ 포켓에 불필요한 것들을 넣지 않는다.

50. 다음 중 창고 관리와 관계가 없는 것은?

① 신용도
② 입고
③ 출고
④ 재고량

정답

1	③	2	①	3	④	4	②	5	②
6	④	7	②	8	④	9	①	10	③
11	②	12	②	13	④	14	④	15	③
16	①	17	①	18	③	19	④	20	②
21	③	22	①	23	③	24	④	25	④
26	③	27	①	28	③	29	③	30	④
31	①	32	④	33	③	34	①	35	②
36	④	37	②	38	③	39	③	40	①
41	③	42	②	43	②	44	④	45	③
46	②	47	①	48	①	49	②	50	①

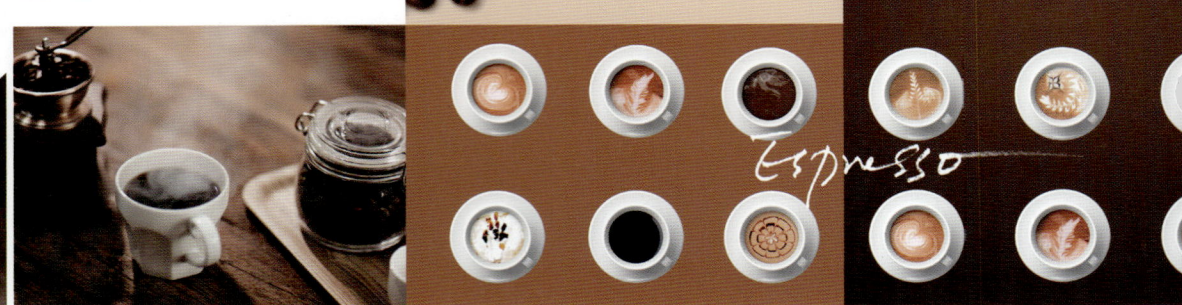

커피 바리스타 2급 실전문제 제6회

I. 커피학개론

1. 다음 내용과 관련이 있는 나라는?

> 에드워드 로이드에 의해 커피하우스가 열렸으며 오늘날 로이드 보험회사로 발전했다.

① 독일 ② 영국
③ 브라질 ④ 프랑스

2. 다음 중 로스팅 시 거치는 단계라고 보기 어려운 것은?

① 건조 ② 액화
③ 냉각 ④ 1차 크랙

3. 커피가 우리 인체에 미치는 일반적인 영향이다. 틀린 것은?

① 항산화 효과 ② 이뇨 작용
③ 각성 효과 ④ 피로감 증가

4. "Coffee"의 어원 중 에티오피아의 지역 이름과 연관되어 있는 것은?

① 카와(Qahwah) ② 카페(Café)
③ 카베(Kahve) ④ 카파(Kaffa)

5. 다음 중 커피의 재배조건으로 틀린 것은?
① 배수가 좋은 화산성 토양
② 연 강수량 1,500~2,000mm
③ 서리가 잦은 지역
④ 연평균 기온 22℃

6. 브라질 로부스타의 95% 이상을 차지한다고 알려진 품종은?
① 코닐론
② 카투아이
③ 문도노보
④ 마라고지페

7. 사람의 손으로 커피를 수확하는 방법으로만 연결된 것은?

| a. 머천다이징(Merchandising) | b. 핸드 메이드(Hand Made) |
| c. 스트립핑(Stripping) | d. 핸드 피킹(Hand Picking) |

① a-b
② c-d
③ a-d
④ b-c

8. 커피가 생산되는 남위 23.5°에서 북위 23.5° 사이의 지역을 일컫는 말로 맞는 것은?
① 커피 라인
② 그린 존
③ 커피 지대
④ 커피 벨트

9. 커피메뉴 중 카푸친 수도회 수도사들이 입던 옷의색과 비슷하다는 설에 의해 이름 붙여진 것으로 맞는 것은?
① 카페 콘판나
② 카페 라떼
③ 카푸치노
④ 카페 아메리카노

10. 다음 중 커피의 3대 원종에 속하지 않는 것은?
① 로부스타
② 아라비카
③ 그린베리
④ 리베리카

Coffee Baristar

11. 다음 중 커핑(Cupping)에 이용되는 감각이라고 보기 어려운 것은?
① 청각
② 시각
③ 후각
④ 미각

12. 다음 중 건식법에 대한 설명이 아닌 것은?
① 햇빛이 좋은 지역에서 주로 이용한다.
② 로부스타 생산국에서 주로 이용한다.
③ 펄프를 제거 후 건조시킨다.
④ 생산 단가가 상대적으로 저렴하다

13. 로스팅 8단계 분류법 중 가장 강한 로스팅 단계로 맞는 것은?
① 이탈리안
② 풀 시티
③ 시나몬
④ 라이트

Ⅱ. 커피기계학

14. 스파웃이 없고 에스프레소 추출 모습을 볼 수 있도록 바스켓의 바닥이 노출된 포타필터는?
① 백 프레셔
② 버텀 리스
③ 더블 헤드
④ 트리플 레버

15. 다음 중 포타필터와 전혀 무관한 부품은?
① 수위 게이지
② 홀더 스프링
③ 필터 바스켓
④ 필터홀더

16. 그룹 헤드가 동(銅) 재질로 만들어진 이유로 가장 타당한 것은?

① 내구성을 높이기 위해
② 도금이 쉬워서
③ 디자인이 좋아서
④ 온도 유지를 위해

17. 다음은 그라인더의 호퍼에 관한 설명이다. 가장 틀린 것은?

① Cover(뚜껑)와 원두 투입 레버로 구성된다.
② 물기가 있는 상태에서 사용해도 무방하다.
③ 일반적으로 용량은 2kg을 많이 쓴다.
④ 원두의 오일 성분이 묻게 됨으로 청결이 중요하다.

18. 다음 중 샤워 홀더를 통과한 물을 미세한 망을 통해 분사시켜 주는 부품으로 맞는 것은?

① 로터리 펌프　　　　　② 샤워 스크린
③ 그룹헤드　　　　　　④ 스팀 밸브

19. 수동 그라인더에는 존재하고 자동 그라인더에는 없는 부품은?

① 도저 레버　　　　　　② 호퍼 게이트
③ 호퍼　　　　　　　　④ 입자 조절 레버

20. 다음은 그라인더에 관한 설명이다. 틀린 것은?

① 에스프레소 결과물에 지대한 영향을 미친다.
② 에스프레소 품질에서 흔히 그라인더의 비중을 간과하는 경우가 많다.
③ 그라인더는 제조사마다 조금씩 운용의 차이가 있다.
④ 그라인더 분쇄도 조정까지를 바리스타가 습득할 필요는 없다.

Coffee Baristar

21. 물리적/화학적 방법을 통해 물을 깨끗하게 하는 기구로 맞는 것은?

① 정수기 ② 온수기
③ 연수기 ④ 스팀기

22. 그라인더 날(Burr) 중 납작하고 평평한 모양의 날로서 가장 보편적으로 사용되는 것은?

① 코니컬 버 ② 플랫 버
③ 레이먼드 버 ④ 커맨트 버

23. 커피 머신에서 커피가 추출되는 속도가 너무 빠를 때 그 원인으로 보기 어려운 것은?

① 분쇄 입자가 클 때
② 원두 투입량이 적을 때
③ 수도 밸브가 잠겼을 때
④ 펌프 압력이 너무 높을 때

24. 커피 머신 중 우유를 데울 때나 거품을 낼 때 사용하는 것으로서 구멍이 2~5개로 이루어진 것은?

① 스파웃 ② 포타필터
③ 스팀 밸브 ④ 스팀 노즐

25. 다음 중 커피 원두의 카페인 성분을 최대한 제거하여 제조한 커피를 이르는 말로 맞는 것은?

① 더치 커피 ② 드립 커피
③ 디카페인 커피 ④ 믹스 커피

III. 커피추출원론

26. 다음 중 커피 등의 음료 표면에 여러 가지 무늬나 그림을 만들어 내는 기술로 맞는 것은?
① 페인팅　　② 라떼아트
③ 드로잉　　④ 밀크 디자인

27. 포타필터에 담겨진 분쇄 커피를 일정한 힘으로 눌러 다져주는 동작으로 맞는 것은?
① 태핑　　② 에칭
③ 탬핑　　④ 레벨링

28. 용량이 약 75ml로 일반 컵의 반 정도이며 에스프레소를 마시는 전용잔으로 맞는 것은?
① 데미타세　　② 머그 컵
③ 텀블러　　④ 고블렛

29. 다음 중 좋은 에스프레소를 위한 조건에 해당하지 않는 것은?
① 커피와 물의 적정비율
② 추출시간에 따른 정확한 분쇄
③ 추출기구의 선택과 적절한 조작
④ 고운 거품의 스티밍 기술

30. 다음 중 사이폰의 구조와 관계가 없는 것은?
① 하단 포트　　② 플라스크
③ 로드　　④ 알코올 램프 또는 버너

31. 여러 가지 기구 및 기계를 이용하여 커피 성분을 뽑아내는 과정을 일컫는 말로 맞는 것은?

① 가공　　　　　　　　　　② 추출
③ 혼합　　　　　　　　　　④ 분쇄

32. 다음 중 가장 오래된 추출 기구이며 터키식 커피추출에 이용되는 것은?

① 프렌치 프레스　　　　　② 클레버
③ 커피 머신　　　　　　　④ 이브릭 또는 체즈베

33. 다음 중 커피 향기의 강도를 나타내는 용어가 아닌 것은?

① Rich(리치)　　　　　　② Woody(우디)
③ Full(풀)　　　　　　　④ Rounded(라운디드)

34. 에스프레소에 휘핑크림을 얹은 메뉴로서 '타차 도로(Tazza d'oro)'라고도 불리는 것은?

① 카페 아메리카노　　　　② 바닐라 라떼
③ 카페 콘판나　　　　　　④ 카페오레

35. (사)한국커피바리스타협회 커피바리스타 2급 실기에서 요구하는 '카푸치노' 거품의 양은?

① 1cm 이상　　　　　　　② 1.5cm 이상
③ 2cm 이상　　　　　　　④ 2.5cm 이상

36. 다음 중 분쇄도를 가장 가늘게 하여 추출해야 하는 것은?

① 핸드드립 추출　　　　　② 사이폰 추출
③ 프렌치 프레스 추출　　　④ 에스프레소 추출

37. 원두로부터 얼마나 많은 성분을 추출했는지 표현하는 수치는?

① 추출 전도율　　　　② 추출 굴절률
③ 추출 용존률　　　　④ 추출 수율

38. 우유의 성분 중 스티밍 시 폼이 생성되는 원리와 밀접한 관계가 있는 것은?

① 미네랄　　　　② 비타민
③ 나트륨　　　　④ 지방

IV. 매장관리서비스

39. 다음은 매장의 안전관리에 대한 내용이다. 틀린 것은?

① 자격 있는 점검자의 점검을 받는다.
② 모든 사고를 기록화 한다.
③ 안전장비를 충분히 구비한다.
④ 출입구, 복도는 되도록 어둡게 한다.

40. 자격을 갖춘 특정인과 경쟁 없이 체결하는 계약 방식은?

① 경쟁입찰 방식　　　　② 수의계약 방식
③ 단가계약 방식　　　　④ 명세계약 방식

41. 식음료 부분 종사원이 갖춰야 할 일반적 요건으로 맞지 않는 것은?

① 호전성　　　　② 청결성
③ 봉사성　　　　④ 정직성

42. 다음 중 식품위생법 상 식품위생교육 대상자가 아닌 것은?
① 식품운반업자　　　② 인테리어업자
③ 식품보존업자　　　④ 식품가공업자

43. 다음은 환송 서비스에 관한 설명이다. 틀린 것은?
① 영접 서비스에 비해 중요성은 떨어진다.
② 출구 쪽 방향으로 정중히 안내한다.
③ 테이블 주위에 분실물이 없는지 확인한다.
④ 거동 불편고객은 엘리베이터까지 정중히 안내한다.

44. 식품 위생관리의 궁극적인 목적으로 맞는 것은?
① 질병 예방　　　　② 소비자 만족
③ 매출 증대　　　　④ 상권 분석

45. 식품 보존 방법 중 화학처리에 의한 방법이 아닌 것은?
① 염장법　　　　② 당장법
③ 저온 살균법　　④ 초절임법

46. 사람을 소개할 때의 예절이다. 틀린 것은?
① 소개할 사람들 사이에 위치한다.
② 여성을 남성에게 먼저 소개한다.
③ 자기와 가까운 사람을 먼저 소개한다.
④ 손아랫사람을 손윗사람에게 먼저 소개한다.

47. 다음 중 일반적으로 식재료를 '냉장 저장한다'라는 의미는?
① 1℃ 이하로 저장　　② 5℃ 이하로 저장
③ 10℃ 이하로 저장　④ 15℃ 이하로 저장

48. 메뉴의 가격을 결정할 때 고려해야 할 사항이다. 틀린 것은?

① 목표 고객의 경제적 여건을 고려한다.
② 주변 경쟁 상황을 검토한다.
③ 목표 매출액을 고려한다.
④ 재료 원가만 고려하면 된다.

49. 다음은 고객 안내요령이다. 틀린 것은?

① 예약 고객일 경우 준비된 테이블로 안내한다.
② 착석이 완료되면 메뉴판을 제공한다.
③ 연로한 고객은 되도록 입구 가까운 곳으로 안내 한다.
④ 서로 모르는 고객끼리도 합석시킨다.

50. 다음 중 메뉴판 구성에 대한 설명으로 틀린 것은?

① 메뉴판은 고객과 커뮤니케이션 기능이 있다.
② 구성이 간단명료하고 정확하게 기재해야 한다.
③ 전문 용어와 어려운 단어를 많이 쓴다.
④ 수익성이 좋은 아이템을 시선이 집중된 곳에 배열한다.

정 답

1	②	2	②	3	④	4	④	5	③
6	①	7	②	8	④	9	③	10	③
11	①	12	③	13	①	14	②	15	①
16	④	17	②	18	②	19	①	20	④
21	①	22	②	23	③	24	④	25	③
26	②	27	③	28	①	29	④	30	①
31	②	32	④	33	②	34	③	35	②
36	④	37	④	38	④	39	④	40	②
41	①	42	②	43	①	44	①	45	③
46	②	47	②	48	④	49	④	50	③

커피 바리스타 2급 실전문제 제7회

I. 커피학개론

1. 다음 중 생두를 볶아서 우리가 마시는 원두로 만드는 단계를 일컫는 말로 옳은 것은?

① 건조 단계 ② 로스팅 단계
③ 분쇄 단계 ④ 추출 단계

2. 세계에서 생산되는 생두의 약 70%를 차지하고 있는 커피 품종으로 맞는 것은?

① 리베리카 종 ② 로부스타 종
③ 아라비카 종 ④ 피베리 종

3. 다음은 커피의 기원설에 관한 이야기이다. 밑줄 친 부분에 들어갈 내용으로 맞는 것은?

> 아라비아의 이슬람교 승려인 ____가 커피를 마신 뒤 전파되었다는 설로서 ____가 아라비아 오우삽(Ousab)으로 추방된 산 속을 헤매다가 한 마리의 새가 빨간 열매를 쪼아 먹는 모습을 보고 그 열매를 따 먹었다는 설이다.

① 윌리엄 유커스 ② 칼디
③ 아비세나 ④ 셰이크 오마르

4. 다음은 커피를 품종 개량하는 이유이다. 틀린 것은?

① 생두 사이즈를 가능한 작게 하기 위해
② 병충해에 강한 품종을 위해
③ 가뭄과 서리에 강한 품종을 위해
④ 수확량을 늘리기 위해

5. 커피에 어떤 것의 '첨가 유무'에 따라 분류되는 명칭이 아닌 것은?

① 레귤러 커피　　　　　　② 디카페인 커피
③ 스트레이트 커피　　　　④ 향 커피

6. 로스팅 과정에서 발생하는 열의 성질에 속하지 않는 것은?

① 열의 전도　　　　　　　② 대류
③ 냉각　　　　　　　　　　④ 열의 액화

7. 체(일정 크기의 구멍이 있음)의 통과 여부로 생두의 크기를 분류하는 방법은?

① 스크린 사이즈　　　　　② 사이즈 메시
③ 오버 사이즈　　　　　　④ 빈 스케일

8. 서울의 한 호텔에 자리 잡은 우리나라 최초의 커피숍으로 맞는 것은?

① 더 킹스 암스　　　　　　② 정동구락부
③ 거트리지 커피하우스　　④ 에닌젤

9. 다음 중 각각의 원두가 지닌 특성을 적절하게 배합하는 과정으로 맞는 것은?

① 로스팅　　　　　　　　　② 블렌딩
③ 커핑　　　　　　　　　　④ 테스팅

10. 다음 괄호 안에 들어갈 나라는?

> 한국에서 커피가 들어온 것은 1896년 아관파천 때 (　　)공사가 커피나무의 열매를 들여오면서 부터이다.

① 일본　　　　　　　　　　② 미국
③ 러시아　　　　　　　　　④ 중국

Coffee Baristar

11. 다음 밑줄 친 곳에 들어갈 말로 맞는 것은?

> 고종 황제는 덕수궁 내 경치 좋은 곳에 ____이라는 우리나라 최초의 양관을 지었는데 이 건물에서 커피를 즐겨 마셨다.

① 소쇄원　　　　　　　　② 초지진
③ 진남관　　　　　　　　④ 정관헌

12. 다음은 아라비카 품종의 특징이다. 틀린 것은?

① 에티오피아가 원산지로 알려져 있다.
② 병충해에 강하다.
③ 일반적으로 고지대에서 재배된다.
④ 주로 원두커피용으로 이용된다.

13. 다음 설명에 적합한 커피에 관한 기원설로 맞는 것은?

> 어느 날 양치기 소년은 염소들이 빨간 열매를 먹고 흥분하여 날뛰는 모습을 보고 자신도 그 열매를 먹어보니 기분이 상쾌해짐을 느낄 수 있었다.

① 오마르의 전설　　　　　② 칼디의 전설
③ 윌리엄 기원설　　　　　④ 아비세나 발견설

II. 커피기계학

14. 다음이 설명하는 커피 머신의 부품으로 옳은 것은?

> • 커피 머신의 소모품이다.
> • 추출할 때 물이나 압력이 밖으로 나가는 것을 막아 준다.
> • 일반적으로 고무와 같은 재질로 되어 있다.
> • 탄력이 없어지거나 물이 새면 교체해 준다.

① 메인 스위치　　　　　　② 압력 게이지
③ 그룹 개스킷　　　　　　④ 펌프 모터

15. 독립형과 일체형이 있고 외부로부터 유입된 물을 데우는 역할을 하는 부품으로 맞는 것은?
① 보일러　　　　　　　　　② 히터
③ 플로 메터　　　　　　　　④ 수위 감지봉

16. 바닥면에 구멍이 촘촘하고 분쇄 원두를 담는 아래 그림 같은 포타필터의 구성 부품은?

① 샤워 홀더　　　　　　　　② 필터 바스켓
③ 그룹헤드　　　　　　　　④ 임펠러

17. 다음 중 커피 머신의 전원이 "OFF" 된 원인과 가장 거리가 먼 것은?
① 플러그 및 콘센트 이상
② 메인 배전반 차단기 이상
③ 전원 스위치 불량
④ 수돗물 단수

18. 우리가 마시는 한 잔의 커피가 되기까지의 일반적인 과정으로 옳은 것은?
① 로스팅→체리→생두가공→그라인딩
② 체리→생두가공→로스팅→그라인딩
③ 체리→로스팅→그라인딩→생두가공
④ 그라인딩→생두가공→체리→로스팅

19. 하나의 보일러로 온수, 스팀, 추출수 모두를 가열하는 방식은?
① 분리형 보일러　　　　　　② 독립형 보일러
③ 일체형 보일러　　　　　　④ 혼합형 보일러

Coffee Baristar

20. 아래 그림과 같이 물의 양을 측정하는 커피 머신 부품의 명칭은?

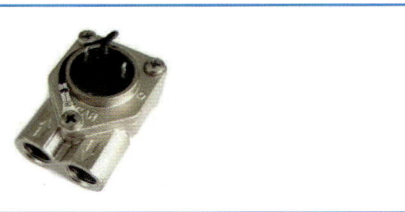

① 히터
② 압력 스위치
③ 플로 메터
④ 과열 방지 센서

21. 커피 머신 보일러 안에 물과 수증기의 일반적인 비율로 맞는 것은?

① 물 40%, 수증기 60%
② 물 50%, 수증기 50%
③ 물 60%, 수증기 40%
④ 물 70%, 수증기 30%

22. 다음 중 전자동 커피머신의 장점으로 틀린 것은?

① 추출하는 사람에 따라 맛의 차이가 있다.
② 설치 공간이 넓을 필요 없다.
③ 추출하기가 쉽고 편리하다.
④ 디자인이 환경과 어울리고 다양하다.

23. 다음 중 그라인더 날(Burr)의 종류로만 묶인 것은?

a. 플랫 버(Flat Burr)	b. 플래시 버(Flash Burr)
c. 드릴 버(Drill Burr)	d. 코니컬 버(Conical Burr)

① a-b
② b-c
③ a-d
④ c-d

24. 다음 중 커피의 3대 원종에 속하지 않는 것은?

① 로부스타
② 아라비카
③ 그린베리
④ 리베리카

25. 다음 중 커피 머신과 관련이 없는 것은?

① 플라스크 ② 역류 방지 밸브
③ 펌프 모터 ④ 스팀 노즐

III. 커피추출원론

26. 다음은 크레마(Crema)에 대한 설명이다. 틀린 것은?

① 단열층 역할을 하여 커피가 식는 것을 막는 효과가 있다.
② 커피 향이 함유된 지방 성분이 많다.
③ 일반적으로 황금색이나 갈색이다.
④ 분쇄도 등의 조건이 변해도 크레마 품질은 일정하다.

27. 커피 추출 방법 중 여과법에 해당하는 것은?

① 모카포트 ② 핸드드립
③ 프렌치 프레스 ④ 에스프레소 머신

28. 에스프레소 위에 우유거품을 2~3스푼 올려 만드는 메뉴는?

① 카페오레 ② 카페 프레도
③ 사케라또 ④ 에스프레소 마끼아또

29. 일반적인 우유 스티밍 온도로 적절한 것은?

① 45℃~50℃ ② 55℃~60℃
③ 65℃~70℃ ④ 75℃~80℃

30. 커피 머신으로 추출할 때 일반적인 과정으로 바른 것은?
① 포타필터 분리→그라인딩→탬핑→추출→넉 박스에 버리기
② 탬핑→그라인딩→포타필터 분리→추출→넉 박스에 버리기
③ 포타필터 분리→추출→탬핑→그라인딩→넉 박스에 버리기
④ 그라인딩→추출→탬핑→포타필터 분리→넉 박스에 버리기

31. 커피와 같이 인체의 영양섭취보다는 심리/생리적 욕구를 만족시키기 위한 식품은?
① 생필품
② 기호식품
③ 건강식품
④ 완전식품

32. 다음 중 커피 원두의 카페인 성분을 최대한 제거하여 제조한 커피를 이르는 말로 맞는 것은?
① 더치 커피
② 드립 커피
③ 믹스 커피
④ 디카페인 커피

33. 재질이 스테인리스, 알루미늄 등이고 분쇄된 커피를 추출하기 알맞게 다져주는 도구로 맞는 것은?
① 탬퍼
② 포타필터
③ 로드
④ 포트

34. '스팀 피처를 이용해 폼 밀크를 에스프레소에 부으면서 흔들다'는 의미로 맞는 것은?
① 쉐이킹
② 핸들링
③ 그라인딩
④ 휘핑

35. 라떼아트 시 폼 밀크를 부을 때 중요한 포인트라고 보기 어려운 것은?
① 높이
② 유속
③ 유량
④ 압력

36. 다음 중 에스프레소 성분이 과다 추출되는 이유로 맞지 않는 것은?

① 커피양이 기준보다 적다.　　② 분쇄도가 너무 가늘다.
③ 추출수 온도가 너무 높다.　　④ 머신의 압력이 너무 낮다.

37. 로스팅 시 생두에 일어나는 변화와 가장 관계가 적은 것은?

① 부피 변화　　② 무게 변화
③ 색상 변화　　④ 점도 변화

38. 더치 커피라고 흔히 알려진 추출방법으로 맞는 것은?

① 사이폰　　② 워터 드립
③ 이브릭　　④ 클레버

IV. 매장관리서비스

39. 다음 중 물리적 살균/소독에 속하지 않는 것은?

① 자외선 살균　　② 방사선 살균
③ 알코올 살균　　④ 열탕 살균

40. 커피바리스타의 용모에 관한 설명이다. 틀린 것은?

① 남자의 경우 면도를 깔끔히 한다.
② 향이 강한 화장품을 사용한다.
③ 구강 청결에 주의한다.
④ 진한 화장을 하지 않는다.

41. 고객에게 사용하는 용어 중 주의해서 써야 하는 것은?

① 어서 오십시오.　　② 안녕하십니까?
③ 모릅니다.　　④ 죄송합니다.

Coffee Baristar

42. 식자재 납품업자를 선정할 때 고려해야 할 사항으로 보기 어려운 것은?
① 업자의 신용도　　　② 품질의 신뢰성
③ 납품업자의 학력　　④ 취급 품목

43. 다음 중 식자재 구매계획 수립 시 고려사항이 아닌 것은?
① 출하 시기　　② 품목 배열
③ 적정 가격　　④ 유통 기구

44. 다음은 고객에 대한 인사 예절이다. 틀린 것은?
① 고객과 마주칠 때 인사한다.
② 적절한 인사말과 함께 인사한다.
③ 허리를 적당히 굽혀 인사한다.
④ 앉아서 근무하는 경우 일어서서 인사할 필요없다.

45. 다음 중 고객에게 메뉴를 추천하는 방법으로 바르지 않은 것은?
① 판매자 위주의 메뉴를 추천한다.
② 계절별 특별 메뉴를 추천하는 것도 좋다.
③ 상황에 맞는 적절한 가격을 고려해서 추천한다.
④ 품목은 구체적으로 선정하여 추천한다.

46. 고객과의 대화 시 말하는 방법이다. 틀린 것은?
① 밝고 명랑한 표정으로 말한다.
② 가능한 한 영어를 많이 사용한다.
③ 말할 때 시선은 고객의 미간을 향한다.
④ 발음은 정확하고 명료하게 한다.

47. 매장에서 적극적인 서비스로 얻을 수 있는 효과라고 볼 수 없는 것은?
① 홍보비 절감　　② 판매수익 증대
③ 저장능력 유도　　④ 고객의 재방문

48. 식자재 관리의 궁극적 목적으로 다음 중 옳은 것은?

① 원가 절감　　　　　　　　② 식자재 품질 향상
③ 식자재 수량 파악　　　　　④ 식자재 가격 설정

49. 고객의 불평처리에 관한 내용이다. 틀린 것은?

① 항상 긍정적 자세로 불평 원인을 파악해야 한다.
② 서비스만 완벽하면 불평이 생길 수 없다.
③ 동일한 불평이 반복되지 않도록 조치해야 한다.
④ 만족할 만한 불평처리는 매장의 신뢰감을 높일 수 있다.

50. 다음 중 고객을 대하는 커피바리스타의 마음가짐으로 틀린 것은?

① 항상 미소 띤 얼굴을 한다.
② 고객의 이름을 기억하지 않는다.
③ 신속하고 정확한 서비스를 한다.
④ 긍정적이고 적극적인 사고로 임한다.

정 답

1	②	2	③	3	④	4	①	5	③
6	④	7	①	8	②	9	②	10	③
11	④	12	②	13	②	14	③	15	①
16	②	17	④	18	②	19	③	20	③
21	④	22	①	23	③	24	③	25	①
26	④	27	②	28	④	29	③	30	①
31	②	32	④	33	①	34	②	35	④
36	①	37	④	38	②	39	③	40	②
41	③	42	③	43	②	44	④	45	①
46	②	47	③	48	①	49	②	50	②

커피 바리스타 2급 실전문제 제8회

I. 커피학개론

1. 우리가 마시는 한 잔의 커피가 되기까지의 일반적인 과정으로 옳은 것은?

① 로스팅→체리→생두가공→그라인딩
② 체리→생두가공→로스팅→그라인딩
③ 체리→로스팅→그라인딩→생두가공
④ 그라인딩→생두가공→체리→로스팅

2. 다음 중 카페인이 인체에 미치는 영향으로 틀린 것은?

① 각성 효과가 있다.
② 신체의 에너지를 생성하는 효과가 있다.
③ 불면증을 유발하는 경우는 없다.
④ 이뇨작용을 촉진한다.

3. 커피의 맛을 감별하는 행위를 일컫는 말로 맞는 것은?

① 커핑
② 테스팅
③ 그라인딩
④ 블렌딩

4. 다음 중 생두 가공방식에 속하지 않는 것은?

① 건식법
② 스프리트법
③ 습식법
④ 반건식법

5. 로부스타 종에 대한 설명이다. 틀린 것은?

① 강인한 종자로 병충해에 강하다.
② 아라비카 종에 비해 가격이 비싼 편이다.
③ 인스턴트 커피로 많이 이용된다.
④ 브라질의 코닐론은 로부스타 종이다.

6. 우리가 사용하는 (舊)SCAA 로스팅 분류에서 "SCAA"가 뜻하는 단체는?

① 유럽스페셜티커피협회
② 일본스페셜티커피협회
③ 미국스페셜티커피협회
④ 국제커피테이스팅협회

7. 다음 중 총독 부인과 스페인 연대장의 로맨틱한 상황에서 커피가 전파되었다는 나라는?

① 독일　　　　　　　　　② 이탈리아
③ 프랑스　　　　　　　　④ 브라질

8. 우유 스티밍 시 지방구와 기포층에 대한 설명으로 가장 알맞은 것은?

① 기포층이 없고 지방구의 크기가 서로 다를 때 스팀을 잘한 것이다.
② 기포층이 없고 지방구의 크기가 균일할 때 스팀을 잘한 것이다.
③ 기포층이 있고 지방구의 크기가 서로 다를 때 스팀을 잘한 것이다.
④ 기포층이 있고 지방구의 크기가 균일할 때 스팀을 잘한 것이다.

9. 다음 중 커피의 성분이 아닌 것은?

① 게르마늄　　　　　　　② 카페인
③ 트리고넬린　　　　　　④ 지질

Coffee Baristar

10. 고지대에서 재배된 생두의 특성에 대한 설명이다. 틀린 것은?

① 고지대 일수록 단단하다.
② 고지대 일수록 밀도가 높다.
③ 고지대 일수록 신맛이 좋지 않다.
④ 고지대 일수록 향과 플레이버가 풍부하다.

11. 식품이 조리나 가공 과정에서 갈색으로 변하는 것을 일컫는 말은?

① 색소 반응
② 갈변 반응
③ 침출 반응
④ 삼투압 반응

12. 다음 중 커피 전체의 향기를 총칭하는 말로 맞는 것은?

① 아로마(Aroma)
② 플레이버(Flavor)
③ 부케(Bouquet)
④ 바디(Body)

13. 아래에서 설명하는 아라비카 품종으로 맞는 것은?

- 아라비카 원종에 가장 가까운 품종으로 알려져 있다.
- 생두는 긴 편이고, 녹병에 취약하다.
- 블루마운틴, 하와이 코나가 대표적인 품종이다.

① 버번
② 카투 아이
③ 티피카
④ 문도 노보

II. 커피기계학

14. 커피 머신 설치 시 급수와 배수에 관한 설명이다. 틀린 것은?

① 급수 라인에 차단 밸브를 설치하면 안된다.
② 배수 라인은 굴곡이 생기지 않도록 주의한다.
③ 급수 라인의 수압은 너무 약하면 안된다.
④ 배수 라인은 가능한 너무 길게 하지 않는다.

15. 다음 중 보일러 내부 물의 양을 확인할 수 있는 부품의 명칭은?

① 압력 게이지　　　　　　　② 크렉 게이지
③ 틈새 게이지　　　　　　　④ 수위 게이지

16. 그라인더가 '웅~' 하는 소리만 나고 작동하지 않을 때 조치로 맞는 것은?

① 전원이 꺼져 있는지 확인한다.
② 날의 간격이 너무 좁지 않은지 확인한다.
③ 도저레버 스프링이 불량인지 확인한다.
④ 그라인더의 수평이 안 맞는지 확인한다.

17. 매장에서 권장하는 그라인더 호퍼의 청소 주기로 가장 옳은 것은?

① 매일　　　　　　　　　　② 일주일에 1회
③ 1개월에 1회　　　　　　　④ 3개월에 1회

18. 아래 그림과 같은 부품의 명칭으로 맞는 것은?

① 추출 버튼　　　　　　　　② 드립 트레이
③ 포타필터　　　　　　　　④ 온수 게이지

19. 다음 중 일반적으로 많이 사용되는 그라인더 분쇄 날의 크기에 속하는 것은?

① 105mm　　　　　　　　　② 95mm
③ 80mm　　　　　　　　　　④ 64mm

Coffee Baristar

20. 다음 중 일반적으로 9bar의 압력을 이용하여 커피를 추출하는 방식으로 옳은 것은?

① 핸드드립에 의한 추출
② 커피 머신에 의한 추출
③ 모카포트에 의한 추출
④ 사이폰에 의한 추출

21. 그라인더의 도저에 담긴 분쇄 원두가 아래로 떨어지도록 조정하는 부품으로 맞는 것은?

① 도저 레버
② 서포트 포크
③ 레귤레이터 노브
④ 호퍼 게이트

22. 1947년 스프링 레버에 피스톤을 연결해 압축식 커피 머신을 발명한 사람은?

① 훼마(Faema)
② 파보니(Pavoni)
③ 베제라(Bezzera)
④ 가찌아(Gaggia)

23. 커피 추출 시 포타필터 주변으로 물이 흐를 때 조치로 맞는 것은?

① 보일러에 물이 없는지 확인한다.
② 추출수 온도를 확인한다.
③ 개스킷의 상태를 확인한다.
④ 원두 분쇄 굵기를 확인한다.

24. 워터드립 추출방식은 어떤 힘의 작용을 이용한 것인가?

① 원심력
② 중력
③ 항력
④ 양력

25. 다음 중 그라인더의 부품에 속하지 않는 것은?

① 플로 메터
② 입자 조절 레버
③ 도저
④ 호퍼

III. 커피추출원론

26. 다음 중 알콜 성분이 들어간 메뉴로 맞는 것은?
① 카페라떼
② 에스프레소 로마노
③ 아이리시 커피
④ 카페 콘판나

27. 증기의 압력, 물의 삼투압 현상을 이용하여 진공식 유리기구로 추출하는 것은?
① 체즈베
② 모카포트
③ 사이폰
④ 에어로 프레스

28. 라떼아트 시 전용 송곳 따위의 날카로운 도구를 이용하는 기법을 일컫는 말은?
① 팩킹
② 드릴링
③ 포인팅
④ 에칭

29. (사)한국커피바리스타협회의 커피바리스타 2급 실기에서 요구하는 에스프레소 추출량의 범위는?
① 10~20㎖
② 20~30㎖
③ 30~40㎖
④ 40~50㎖

30. (사)한국커피바리스타협회의 커피바리스타 2급 실기에서 요구하는 에스프레소 추출 기준 시간은?
① 20초~30초
② 30초~40초
③ 40초~50초
④ 50초~60초

31. 이탈리아어로 '길다'는 뜻으로 에스프레소를 시간상 길게 추출한 커피를 가리키는 것은?
① 도피오
② 룽고
③ 리스트레토
④ 마끼아또

32. 다음은 드립 포트에 관한 설명이다. 틀린 것은?

① 주둥이를 통상 학구(鶴口)라고 한다.
② 배출구는 S자형보다 직선형이 좋다.
③ 배출구가 가늘수록 물의 힘은 약해진다.
④ 사용 후 뒤집어 보관하는 것이 좋다.

33. 커피와 물에 대한 설명이다. 틀린 것은?

① 커피 추출액의 99% 정도가 물이다.
② 순수한 물 자체는 중성이다.
③ 커피는 유기물이 많은 물이 좋다.
④ 커피는 염소성분이 없는 물이 좋다.

34. 다음 중 에스프레소와 관련이 없는 단어는?

① 빠르다
② Express
③ 데미타세
④ 융 필터

35. 입안에서 느껴지는 커피의 질감, 무게감 등을 흔히 일컫는 말로 맞는 것은?

① Body
② Overall
③ Winey
④ Ashy

36. 커피가루에 물을 머금게 한 후 천천히 추출하는 방법을 흔히 일컫는 말은?

① 프레싱
② 머신닝
③ 부루잉
④ 아이싱

37. 다음은 블렌딩 할 때의 설명이다. 틀린 것은?

① 맛과 향을 체크하면서 배합 비율을 조정한다.
② 되도록 많은 수의 원두를 배합하는 것이 좋다.

③ 유사한 맛과 향의 원두는 가급적 배합하지 않는다.
④ 생두의 크기, 밀도, 함수율 등을 확인해야 한다.

38. 다음 중 아래 박스 안에 있는 기구들을 사용하여 추출하는 방법으로 맞는 것은?

> 포트, 드립퍼, 페이퍼 필터, 융 필터

① 더치 커피　　　　　　② 프렌치 프레스
③ 핸드드립　　　　　　④ 모카포트

Ⅳ. 매장관리서비스

39. 다음 고객과의 대화 기법 중 틀린 것은?

① 이야기를 끝까지 들어준다.
② 가급적 맞장구를 쳐준다.
③ 중요한 사안은 메모한다.
④ 견해차이가 있으면 대화를 피한다.

40. 다음은 주방의 안전관리 내용으로 맞지 않는 것은?

① 가스밸브는 사용 후 꼭 확인한다.
② 개인 복장은 깨끗하고 단정히 입는다.
③ 오븐이 있는 경우 온도를 확인한다.
④ 물이 있을 때 전기장비는 손대지 않는다.

41. 주방의 안전사고에 관한 설명이다. 틀린 것은?

① 바닥의 물기를 제거한다.
② 음식물 찌꺼기는 정해진 곳에 버린다.
③ 기구나 뜨거운 물을 조심한다.
④ 주방 담당자와 자주 접촉한다.

42. 빌 서비스(Bill Service, 계산 서비스)에 관한 내용이다. 틀린 것은?

① 계산서는 빌 홀더(Bill Holder)에 끼워서 제공한다.
② 업무 시작 전 잔돈을 충분히 준비해 둔다.
③ 고객이 수표로 지불할 경우 수령을 거부한다.
④ 신용카드 계산 시 거래중지 카드인지 확인한다.

43. 다음 중 커피 포장을 신중하게 해야 하는 궁극적 목적과 무관한 것은?

① 판매를 위한 데코레이션 ② 맛의 장시간 유지
③ 향의 장시간 유지 ④ 공기 중의 가스나 습기 차단

44. 커피와 같이 인체의 영양섭취보다는 심리/생리적 욕구를 만족시키기 위한 식품은?

① 생필품 ② 기호식품
③ 건강식품 ④ 완전식품

45. 다음 중 커피 매장 위생관리의 범위가 아닌 것은?

① 개인위생 ② 주방위생
③ 식품위생 ④ 정신위생

46. 다음은 고객이 필기구를 찾을 때의 행동으로 바르지 않은 것은?

① 15도 각도로 건네는 것이 좋다.
② 두 손으로 받쳐서 건넨다.
③ 펜(심 쪽) 끝을 고객 쪽으로 향하게 건넨다.
④ 필기구는 항상 충분히 준비해 둔다.

47. 다음은 종업원을 고용할 때 주의사항이다. 틀린 것은?

① 고용 여부는 충분한 검토기간을 거쳐 결정한다.
② 고용한 종업원은 실무처리 교육을 철저히 시켜야 한다.
③ 종업원은 자신의 이익보다 항상 사장의 이익을 먼저 생각하기 마련이다.
④ 100% 맘에 드는 종업원은 없다고 생각하는 것이 바람직하다.

48. 고객과 전화 응대에 관한 설명이다. 틀린 것은?

① 전화를 놓을 때는 고객이 끊기 전에 미리 끊는다.
② 수화기를 들면 업장명, 이름을 말한다.
③ 대화를 할 때는 분명하고 정중하게 한다.
④ 전화 받기 전 메모지, 볼펜 등을 항상 준비해 놓는다.

49. 다음 중 커피의 3대 원종에 속하지 않는 것은?

① 로부스타
② 아라비카
③ 그린베리
④ 리베리카

50. 인기는 낮지만 수익성이 높은 메뉴가 있을 경우 대처방안으로 틀린 것은?

① 가격을 조금 낮춘다.
② 적극적인 추천 판매를 한다.
③ 재빠르게 다른 메뉴로 교체한다.
④ 메뉴판 최상의 위치에 배치시킨다.

정 답

1	②	2	③	3	①	4	②	5	②
6	③	7	④	8	④	9	①	10	③
11	②	12	③	13	③	14	①	15	④
16	②	17	①	18	③	19	④	20	②
21	①	22	④	23	③	24	②	25	①
26	③	27	③	28	④	29	②	30	①
31	②	32	②	33	③	34	④	35	①
36	③	37	②	38	③	39	④	40	②
41	④	42	③	43	①	44	②	45	④
46	③	47	③	48	①	49	③	50	③

커피 바리스타 2급 실전문제 제9회

Ⅰ. 커피학개론

1. 커피체리 안에 생두를 감싸고 있는 딱딱한 껍질을 무엇이라 하는가?

① 실버스킨 ② 센터 컷
③ 피베리 ④ 파치먼트

2. 다음 중 로부스타의 원산지로 알려진 나라는?

① 에티오피아 ② 인도네시아
③ 콩고 ④ 코트디부아르

3. 다음 중 원두커피 보관법으로 바르지 않은 것은?

① 냉동 보관하는 것이 좋다.
② 밀봉하여 보관하는 것이 좋다.
③ 직사광선을 피하는 것이 좋다.
④ 적절한 보관용기를 사용하는 것이 좋다.

4. 다음 중 커피를 산패 시키는 원인이 아닌 것은?

① 산소 ② 온도
③ 습도 ④ 고도

5. 다음은 커피나무에 관한 설명이다. 틀린 것은?

① 열매 수확량을 늘리기 위해 크기를 높게 자라게 한다.
② 핵과 외피는 두꺼운 펄프로 싸여 있다.
③ 열매에는 대부분 두 쪽의 씨가 있다.
④ 꼭두서니과의 상록수이다.

6. 커피와 같이 인체의 영양섭취보다는 심리/생리적 욕구를 만족시키기 위한 식품은?

① 생필품　　　　　　　　② 기호식품
③ 건강식품　　　　　　　④ 완전식품

7. 유지(油脂)를 보존하면서 공기 등의 작용으로 열화하여 불쾌한 맛과 냄새가 나는 현상은?

① 신선도　　　　　　　　② 선명도
③ 산패도　　　　　　　　④ 오염도

8. 커피열매 속에 씨가 둥글고 하나밖에 들어있지 않은 것을 칭하는 말은?

① 실버스킨　　　　　　　② 센터 컷
③ 뉴 크롭　　　　　　　　④ 피베리

9. 다음 중 위험요인을 분석하고 위험에 관계되는 중요한 점을 관리하는 식품안전관리 제도로 맞는 것은?

① HACCP 제도　　　　　② NPS 제도
③ NFSI 제도　　　　　　 ④ NGO 제도

10. 우유 스티밍 시 지방구와 기포층에 대한 설명으로 가장 알맞은 것은?

① 기포층이 없고 지방구의 크기가 서로 다를 때 스팀을 잘한 것이다.
② 기포층이 없고 지방구의 크기가 균일할 때 스팀을 잘한 것이다.
③ 기포층이 있고 지방구의 크기가 서로 다를 때 스팀을 잘한 것이다.
④ 기포층이 있고 지방구의 크기가 균일할 때 스팀을 잘한 것이다.

Coffee Baristar

11. 다음 중 커피 원두의 카페인 성분을 최대한 제거하여 제조한 커피를 이르는 말로 맞는 것은?

① 더치 커피　　　　　　　　　② 드립 커피
③ 디카페인 커피　　　　　　　④ 믹스 커피

12. 우리나라에 1회용 인스턴트 커피가 등장한 시기로 맞는 것은?

① 아관파천 때 러시아 공사에 의해　　② 네덜란드에서 돌아온 헤이그 특사에 의해
③ 6·25 전쟁 시 미군에 의해　　　　　④ 모스크바 3상 회의 때 유엔에 의해

13. 커피의 맛과 그 원인 성분으로 틀린 것은?

① 신맛-지방산　　　　　　　② 떫은 맛-단백질
③ 쓴맛-카페인　　　　　　　④ 단맛-당질

Ⅱ. 커피기계학

14. 경도성분(칼슘/마그네슘 등)을 제거하여 부드러운 물로 만들어 주는 기구는?

① 연수기　　　　　　　　　　② 정수기
③ 온수기　　　　　　　　　　④ 제빙기

15. 전자석의 원리를 이용하여 온수의 흐름을 통제하는 부품으로 맞는 것은?

① 온수 워터 펌프　　　　　　② 온수 게이지
③ 스팀 완드　　　　　　　　　④ 온수 전자밸브

16. 커피 머신을 설치할 때 전기에 관한 설명이다. 틀린 것은?

① 적절한 용량의 차단기와 함께 연결하는 것이 좋다.
② 물을 사용함으로 안전을 위해 접지를 하는 것이 좋다.
③ 머신의 전력은 일반 가전제품에 비해 높다.
④ 콘센트는 일반 가정용 콘센트를 사용한다.

17. 커피 추출기구 중 사이폰 방식의 또다른 이름으로 맞는 것은?

① 프레셔 포트　　　　　　② 램프 포트
③ 버큠 포트　　　　　　　④ 피스톤 포트

18. 그룹 헤드의 개스킷에 관한 설명이다. 틀린 것은?

① 통상 교체 주기는 6~10개월로 본다.
② 뜨거운 열의 영향을 전혀 받지 않는다.
③ 교체 시 치수와 모델을 확인해야 한다.
④ 한계 수명 전에 미리 교체하는 것이 좋다.

19. 다음 중 독립형 보일러의 단점이 아닌 것은?

① 비교적 전기 사용량이 많다.
② 크기가 초대형인 것이 대부분이다.
③ 겨울철 동파에 취약한 편이다.
④ 상대적으로 유지보수가 어렵다.

20. 커피 머신 부품 중 세제나 약품으로 청소할 필요가 전혀 없는 것은?

① 펌프 헤드　　　　　　　② 그룹 헤드
③ 포타필터　　　　　　　　④ 스팀 완드

21. 커피 머신 부품 중 아래 그림의 동그라미 안에 있는 명칭으로 맞는 것은?

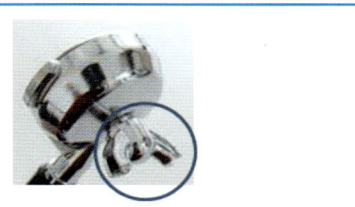

① 홀더 스프링　　　　　　② 필터 홀더
③ 드립 트레이　　　　　　④ 스파웃

Coffee Baristar

22. 추출 기구의 역사를 시간대별로 맞게 표시한 것은?
① 드립 방식→이브릭→베큠 포트→커피 머신
② 베큠 포트→이브릭→드립 방식→커피 머신
③ 이브릭→드립 방식→베큠 포트→커피 머신
④ 이브릭→베큠 포트→드립 방식→커피 머신

23. 다음 중 커피 머신의 작동 방식이 아닌 것은?
① 반영구식   ② 수동식
③ 반자동식   ④ 전자동식

24. 다음 중 그라인더 날의 재질이 아닌 것은?
① 스틸 재질   ② 플라스틱 재질
③ 세라믹 재질   ④ 티타늄 재질

25. 다음 커피 머신 부품 중 공급되는 수압이 일정 수치 이상으로 높아지면 작동되는 장치로 맞는 것은?
① 스팀 밸브   ② 온수 전자밸브
③ 과수압 방지밸브 ④ 펌프 모터

III. 커피추출원론

26. 원두 분쇄 시 고려해야 할 사항이다. 틀린 것은?
① 커피와 물의 접촉시간을 고려해야 한다.
② 추출 직전에 분쇄하는 것이 좋다.
③ 분쇄 시 미분 억제를 고려해야 한다.
④ 분쇄 시 추출방법까지 생각할 필요없다.

27. 생우유에 함유된 지방 알갱이를 부수는 조작을 지칭하는 것은?
① 우유의 고착화　　② 우유의 균질화
③ 우유의 지방화　　④ 우유의 인지화

28. 우유에 수증기를 불어넣어 거품을 만드는 과정을 일컫는 것은?
① 스티밍　　② 태핑
③ 도징　　④ 팩킹

29. 맛있는 커피를 추출하기 위한 조건으로 맞지 않는 것은?
① 조화롭게 볶아진 원두
② 커피바리스타의 추출 기술
③ 볶음도에 적합한 추출기구
④ 광물질이 풍부한 경수

30. 커피 머신을 이용한 추출 방법으로 맞는 것은?
① 달임법　　② 우려내기법
③ 가압추출법　　④ 여과법

31. 핸드 드립 추출 시 뜸들이기(불림)를 하는 이유로 가장 틀린 것은?
① 탄산가스 배출
② 추출 온도 상승
③ 향과 맛 성분의 원활한 추출
④ 물의 접촉면적 확보

32. 다음 중 에스프레소 추출 요소가 아닌 것은?
① 그라인딩　　② 클린징
③ 도징　　④ 탬핑

33. 커피바리스타에게 요구되는 업무라고 보기 어려운 것은?

① 친절한 고객 서비스
② 좋은 원두 선별요령
③ 구매 대행
④ 재고 관리

34. 커피 향기의 강도 중 '향기가 전혀 없을 때'를 나타내는 용어는?

① Flat(플랫)
② Rich(리치)
③ Spicy(스파이시)
④ Caramel(카라멜)

35. 다음 중 에스프레소 성분이 과소 추출되는 경우가 아닌 것은?

① 분쇄 입자가 너무 굵다.
② 추출 시간이 너무 길다.
③ 물의 온도가 낮다.
④ 커피가 적정량보다 적게 사용됐다.

36. 라떼아트를 할 때 우유를 밀어 넣는 기법을 일컫는 말은?

① 랜더링
② 믹싱
③ 페인팅
④ 푸어링

37. 매장에서 커피바리스타가 지켜야 할 내용으로 틀린 것은?

① 남는 커피는 데워서 온도를 유지하라.
② 커피 잔은 예열하여 사용하라.
③ 신선한 원두를 사용하라.
④ 깨끗하고 좋은 물을 사용하라.

38. 다음 중 핸드드립 커피의 특징이 아닌 것은?

① 부드럽고 깔끔한 맛이 특징이다.
② 기구 가격이 비교적 저렴하다.
③ 추출 시간이 신속하다.
④ 추출 기술이 중요하다.

IV. 매장관리서비스

39. 다음 중 커피바리스타가 고객에게 보이는 태도로서 올바르지 않는 것은?

① 고객을 교육시켜 알리려는 태도가 중요하다.
② 고객의 입장에서 생각해 본다.
③ 고객과의 시선은 안정적으로 유지한다.
④ 고객의 말을 경청한다.

40. 다음 중 주방에 발생하는 사고 원인으로 보기 어려운 것은?

① 작업자들의 피로감
② 시설 및 장비 관리 소홀
③ 전기와 가스 사용 부주의
④ 식재료 보존 실패

41. 다음은 카페를 창업하려 할 때 준비사항으로 가장 맞지 않는 것은?

① 해당 분야의 전문 지식을 습득해야 한다.
② 카페의 컨셉을 정확히 설정한다.
③ 인테리어 비용은 가능한 많이 지출한다.
④ 정확한 상권분석을 한다.

42. 먼저 저장된 순서에 따라 재료를 사용하는 저장관리 방법은?

① 후입 선출법
② 선입 선출법
③ 우선 선택법
④ 저장위치 표시법

43. 다음은 Selling Up(판매 기술)에 관한 내용이다. 틀린 것은?

① 메뉴 추천은 피상적으로 하는 것이 좋다.
② 메뉴 추천을 주저하지 말아야 한다.
③ 'No(아니요)' 라는 단어를 두려워 말아야 한다.
④ Selling Up의 목적은 매출 극대화이다.

44. 입고된 재료를 저장 관리하는 목적으로 가장 틀린 것은?

① 재료 폐기에 의한 손실을 최소화할 수 있다.
② 적정 재고량을 유지할 수 있다.
③ 재료 출고량을 올바르게 조절할 수 있다.
④ 인기 메뉴를 알아낼 수 있다.

45. 매장에서 유니폼을 입는 경우에 관한 설명이다. 틀린 것은?

① 깨끗하고 정해진 것을 착용한다.
② 명찰이 있다면 정해진 위치에 착용한다.
③ 포켓에 불필요한 것들을 넣지 않는다.
④ 와이셔츠 옷자락이 바지 밖으로 나오게 입는다.

46. 다음은 식자재 관리의 원칙에 관한 설명이다. 틀린 것은?

① 불필요한 식자재 구입을 차단한다.
② 저장 관리에 신경을 많이 쓴다.
③ 재고 물량은 많을수록 유리하다.
④ '식자재는 곧 현금이다'라는 인식을 갖는다.

47. 매장의 화재 예방에 관한 내용이다. 맞지 않는 것은?

① 인화물질 방치 여부를 사전에 점검한다.
② 소화기 위치는 수시로 변경한다.
③ 소화기구 적재를 수시로 확인한다.
④ 방화문이 있는 경우 작동 여부를 수시로 점검한다.

48. 다음은 고객으로부터 주문을 받는 방법이다. 가장 틀린 것은?

① 메뉴에 사용된 재료, 조리방법까지를 알아야 할 필요는 없다.
② 주문은 정확하고 알아볼 수 있게 기록하는 것이 좋다.
③ 메뉴를 설명할 때는 명료하게 한다.
④ 주문받는 자세는 고개를 약간 숙여서 받는 것이 좋다.

49. 다음은 고객 분실물을 습득했을 때의 행동 수칙이다. 틀린 것은?

① 귀중품인 경우 경찰서 등에 신고한다.
② 분실물은 관리 대장에 기록하는 것이 좋다.
③ 일정 기간이 지나도 주인이 없으면 임의로 처분한다.
④ 분실물 서비스 품질이 업장의 이미지를 높일 수 있다.

50. 아로마 밸브(Aroma Valve)를 포장지에 부착하는 포장 기법은?

① 원웨이 포장　　　　　　② 진공 포장
③ 밸브 포장　　　　　　　④ 질소 포장

정 답

1	④	2	③	3	①	4	④	5	①
6	②	7	③	8	④	9	①	10	④
11	③	12	③	13	②	14	①	15	④
16	④	17	③	18	②	19	②	20	①
21	④	22	③	23	①	24	②	25	③
26	④	27	②	28	①	29	④	30	③
31	②	32	②	33	③	34	①	35	②
36	④	37	①	38	③	39	①	40	④
41	③	42	②	43	①	44	④	45	④
46	③	47	②	48	①	49	③	50	③

커피 바리스타 2급 실전문제 제10회

Ⅰ. 커피학개론

1. 현재 커피의 원산지라고 가장 잘 알려져 있는 나라로 맞는 것은?
① 터키　　　　　　　　　　② 브라질
③ 에티오피아　　　　　　　④ 미국

2. 커피메뉴 중 카푸친 수도회 수도사들이 입던 옷의 색과 비슷하다는 설에 의해 이름 붙여진 것으로 맞는 것은?
① 카페 콘판나　　　　　　② 카푸치노
③ 카페 아메리카노　　　　④ 카페 라떼

3. 커피가 생산되는 남위 23.5°에서 북위 23.5° 사이의 지역을 일컫는 말로 맞는 것은?
① 커피 라인　　　　　　　② 커피 벨트
③ 커피 지대　　　　　　　④ 그린 존

4. 생두 가공 방식 중 습식법에 대한 설명으로 틀린 것은?
① 품질이 우수하고 균일하다.
② 환경오염 문제가 생길 수 있다.
③ 대부분 아라비카 생산국이 이용한다.
④ 생산 단가가 상대적으로 낮다.

5. 다음 중 커피의 3대 원종에 속하지 않는 것은?

① 로부스타　　　　　　　　② 아라비카
③ 그린베리　　　　　　　　④ 리베리카

6. 우유 스티밍 시 지방구와 기포층에 대한 설명으로 가장 알맞은 것은?

① 기포층이 있고 지방구의 크기가 균일할 때 스팀을 잘한 것이다.
② 기포층이 없고 지방구의 크기가 균일할 때 스팀을 잘한 것이다.
③ 기포층이 있고 지방구의 크기가 서로 다를 때 스팀을 잘한 것이다.
④ 기포층이 없고 지방구의 크기가 서로 다를 때 스팀을 잘한 것이다.

7. 다음 중 로스팅 기기(머신)의 방식에 속하지 않는 것은?

① 직화식　　　　　　　　② 반열풍식
③ 열풍식　　　　　　　　④ 피스톤식

8. 로스팅 8단계 분류법 중 가장 강한 로스팅 단계로 맞는 것은?

① 이탈리안　　　　　　　　② 풀 시티
③ 시나몬　　　　　　　　　④ 라이트

9. 사람의 손으로 커피를 수확하는 방법으로만 연결된 것은?

a. 머천다이징(Merchandising)	b. 핸드 메이드(Hand Made)
c. 스트립핑(Stripping)	d. 핸드 피킹(Hand Picking)

① a-b　　　　　　　　② b-c
③ c-d　　　　　　　　④ a-d

Coffee Baristar

10. 커피를 삼킨 후 혀 뒤끝 부분에서 느끼는 후미를 표현한 것은? [(舊)SCAA 기준]

① Flavor ② Aftertaste
③ Acidity ④ Body

11. 커피의 유럽 전파에 관한 설명이다. 틀린 것은?

① 처음에는 만병통치약으로 유럽에 소개되었다.
② 1616년경 네델란드 상인에 의해 원두가 유럽으로 밀반출 되었다.
③ 프랑스는 루이 14세가 커피나무를 선물 받으면서부터 전래되었다.
④ 유럽 전파 당시 아랍인에 의해 커피 종자도 자유롭게 거래되었다.

12. 우리나라에 커피가 최초로 전해진 시기로 맞는 것은?

① 헌종 ② 철종
③ 고종 ④ 순종

13. 브라질 로부스타의 95% 이상을 차지한다고 알려진 품종은?

① 카투아이 ② 코닐론
③ 문도노보 ④ 마라고지페

Ⅱ. 커피기계학

14. 다음은 에스프레소 추출 속도에 대한 설명이다. 틀린 것은?

① 펌프 압력이 낮으면 추출이 빨라진다. ② 원두가 신선할수록 추출이 느려진다.
③ 도징량이 적으면 추출이 빨라진다. ④ 분쇄 굵기가 가늘면 추출이 느려진다.

15. 다음 중 포타필터와 전혀 무관한 부품은?

① 수위 게이지 ② 홀더 스프링
③ 필터 바스켓 ④ 필터홀더

16. 커피바리스타가 커피 머신에 대해 가져야 할 태도이다. 가장 틀린 것은?

① 기본 구조를 알아야 한다. ② 추출 원리를 알아야 한다.
③ 관리 방법을 알아야 한다. ④ 유통 방식을 알아야 한다.

17. 그룹 헤드가 동(銅) 재질로 만들어진 이유로 가장 타당한 것은?

① 내구성을 높이기 위해 ② 도금이 쉬워서
③ 디자인이 좋아서 ④ 온도 유지를 위해

18. 커피 머신 중 우유를 데울 때나 거품을 낼 때 사용하는 것으로서 구멍이 2~5개로 이루어진 것은?

① 스파웃 ② 스팀 밸브
③ 스팀 노즐 ④ 포타필터

19. 다음 중 커피 원두의 카페인 성분을 최대한 제거하여 제조한 커피를 이르는 말로 맞는 것은?

① 더치 커피 ② 드립 커피
③ 믹스 커피 ④ 디카페인 커피

20. 커피 머신 보일러 안에서 물을 데우는 역할을 하는 부품으로 맞는 것은?

① 수위 감지봉 ② 히터
③ 에어 밸브 ④ 지글러

21. 다음은 그라인더의 호퍼에 관한 설명이다. 가장 틀린 것은?

① 물기가 있는 상태에서 사용해도 무방하다.
② 일반적으로 용량은 2kg을 많이 쓴다.
③ 원두의 오일 성분이 묻게 됨으로 청결이 중요하다.
④ Cover(뚜껑)과 원두 투입 레버로 구성된다.

Coffee Baristar

22. 다음 중 샤워 홀더를 통과한 물을 미세한 망을 통해 분사시켜 주는 부품으로 맞는 것은?

① 로터리 펌프　　　　　　　② 그룹 헤드
③ 샤워 스크린　　　　　　　④ 스팀 밸브

23. 다음 중 커피 머신의 그룹 헤드와 관련이 없는 것은?

① 샤워 홀더　　　　　　　　② 샤워 스크린
③ 호퍼 게이트　　　　　　　④ 그룹 개스킷

24. 다음은 그라인더에 관한 설명이다. 틀린 것은?

① 에스프레소 결과물에 지대한 영향을 미친다.
② 에스프레소 품질에서 흔히 그라인더의 비중을 간과하는 경우가 많다.
③ 그라인더는 제조사마다 조금씩 운용의 차이가 있다.
④ 그라인더 분쇄도 조정까지를 바리스타가 습득할 필요는 없다.

25. 커피와 같이 인체의 영양섭취보다는 심리/생리적 욕구를 만족시키기 위한 식품은?

① 생필품　　　　　　　　　② 기호식품
③ 건강식품　　　　　　　　④ 완전식품

III. 커피추출원론

26. 다음 중 휘핑기에 많이 사용되는 가스는 무엇인가?

① 질소　　　　　　　　　　② 탄소
③ 산소　　　　　　　　　　④ 수소

27. 우리가 마시는 한 잔의 커피가 되기까지의 일반적인 과정으로 옳은 것은?

① 로스팅→체리→생두가공→그라인딩　　② 체리→로스팅→그라인딩→생두가공
③ 체리→생두가공→로스팅→그라인딩　　④ 그라인딩→생두가공→체리→로스팅

28. 2배(Double)라는 의미의 이탈리아어로, 2잔 분량의 에스프레소를 한 잔에 담은 커피로 맞는 것은?

① 콘 판나
② 카페 로열
③ 카페 칼루아
④ 도피오

29. 다음은 우유 스티밍에 관한 내용이다. 틀린 것은?

① 우유는 차가운 것이 유리하다.
② 스티밍 시 스팀 노즐을 전후좌우로 움직여 주는 것이 좋다.
③ 스티밍 온도가 너무 높아지면 좋은 결과를 얻을 수 없다.
④ 스티밍 전에 스팀 노즐의 잔여 수분을 제거해 주는 것이 좋다.

30. 다음 중 커피 향미에 대한 관능평가와 가장 관련이 없는 감각은?

① 시각
② 후각
③ 미각
④ 촉각

31. 다음 중 커피 향기의 강도를 나타내는 용어가 아닌 것은?

① Rich(리치)
② Woody(우디)
③ Full(풀)
④ Rounded(라운디드)

32. 우유의 성분 중 스티밍 시 폼이 생성되는 원리와 밀접한 관계가 있는 것은?

① 미네랄
② 비타민
③ 나트륨
④ 지방

33. 원두로부터 얼마나 많은 성분을 추출했는지 표현하는 수치는?

① 추출 전도율
② 추출 굴절률
③ 추출 용존률
④ 추출 수율

Coffee Baristar

34. (사)한국능력교육개발원 커피바리스타 2급 실기 에서 요구하는 '카푸치노' 거품의 양은?
① 1cm 이상
② 1.5cm 이상
③ 2cm 이상
④ 2.5cm 이상

35. 여러 가지 기구 및 기계를 이용하여 커피 성분을 뽑아내는 과정을 일컫는 말로 맞는 것은?
① 가공
② 혼합
③ 추출
④ 분쇄

36. 에스프레소를 추출하기 위해 물이 공급되고 포타필터를 장착하는 곳으로 맞는 것은?
① 플로 메터
② 보일러
③ 솔레노이드 밸브
④ 그룹 헤드

37. 다음 중 커피 등의 음료 표면에 여러 가지 무늬나 그림을 만들어 내는 기술로 맞는 것은?
① 라떼아트
② 페인팅
③ 드로잉
④ 밀크 디자인

38. 용량이 약75ml로 일반 컵의 반 정도이며 에스프레소를 마시는 전용잔으로 맞는 것은?
① 고블렛
② 머그 컵
③ 텀블러
④ 데미타세

IV. 매장관리서비스

39. 사람을 소개할 때의 예절이다. 틀린 것은?
① 소개할 사람들 사이에 위치한다.
② 여성을 남성에게 먼저 소개한다.
③ 자기와 가까운 사람을 먼저 소개한다.
④ 손아랫사람을 손윗사람에게 먼저 소개한다.

40. 다음 중 메뉴판 구성에 대한 설명으로 틀린 것은?
① 메뉴판은 고객과 커뮤니케이션 기능이 있다.
② 구성이 간단명료하고 정확하게 기재해야 한다.
③ 전문 용어와 어려운 단어를 많이 쓴다.
④ 수익성이 좋은 아이템을 시선이 집중된 곳에 배열한다.

41. 자격을 갖춘 특정인과 경쟁 없이 체결하는 계약 방식은?
① 경쟁입찰 방식　　　　② 수의계약 방식
③ 단가계약 방식　　　　④ 명세계약 방식

42. 고객의 분실물 신고 접수 시 기록하는 사항이 아닌 것은?
① 분실자 성별　　　　② 분실 일시
③ 분실 장소　　　　　④ 보관 담당자

43. 다음 중 식품위생법 상 식품위생교육 대상자가 아닌 것은?
① 식품가공업자　　　　② 식품운반업자
③ 식품보존업자　　　　④ 인테리어업자

44. 고객과 대화 시 사용하는 '말씨'에 관한 것 중 틀린 것은?
① 존대어를 사용한다.　　② 명령형을 사용한다.
③ 긍정형을 사용한다.　　④ 겸양어를 사용한다.

45. 다음은 고객 안내요령이다. 틀린 것은?
① 예약 고객일 경우 준비된 테이블로 안내한다.
② 착석이 완료되면 메뉴판을 제공한다.
③ 연로한 고객은 되도록 입구 가까운 곳으로 안내 한다.
④ 서로 모르는 고객끼리도 합석시킨다.

Coffee Baristar

46. 고객에게 물을 서비스 할 때 행동으로 틀린 것은?

① 잔을 반드시 손으로 잡고 물을 따른다.
② 테이블에 물방울이 떨어지지 않도록 한다.
③ 워터 피처를 사용하는 것이 좋다.
④ 잔의 8부 정도를 따르는 것이 좋다.

47. 다음은 고객이 떠난 후 테이블 정리 정돈에 관한 사항이다. 가장 틀린 것은?

① 정리는 위생적이고 신속하게 한다.
② 사용된 기물은 종류별로 세척 공간으로 운반한다.
③ 고객이 자리에서 일어나자마자 정리를 시작한다.
④ 정리할 때는 옆 테이블 고객에게 방해가 되지 않도록 한다.

48. 다음은 환송 서비스에 관한 설명이다. 틀린 것은?

① 출구 쪽 방향으로 정중히 안내한다.
② 영접 서비스에 비해 중요성은 떨어진다.
③ 테이블 주위에 분실물이 없는지 확인한다.
④ 거동 불편고객은 엘리베이터까지 정중히 안내한다.

49. 식품 위생관리의 궁극적인 목적으로 맞는 것은?

① 매출 증대 ② 소비자 만족
③ 질병 예방 ④ 상권 분석

50. 다음은 구매명세서를 이용할 때의 장점이다. 틀린 것은?

① 납품업자 선정에 유리
② 경제적인 구매 가능
③ 명료한 의사소통 가능
④ 원가관리의 기초자료로 사용

정 답

1	③	2	②	3	②	4	④	5	③
6	①	7	④	8	①	9	③	10	②
11	④	12	③	13	②	14	①	15	①
16	④	17	④	18	③	19	④	20	②
21	①	22	③	23	③	24	④	25	②
26	①	27	③	28	④	29	②	30	①
31	②	32	④	33	④	34	②	35	③
36	④	37	①	38	④	39	②	40	③
41	②	42	①	43	④	44	②	45	④
46	①	47	③	48	②	49	③	50	①

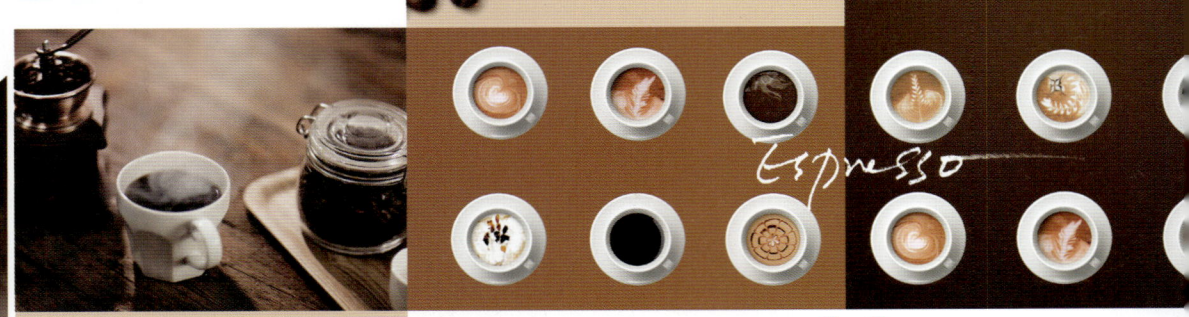

커피 바리스타 2급 실전문제 제11회

I. 커피학개론

1. 현재 커피의 원산지라고 가장 잘 알려져 있는 나라로 맞는 것은?

① 터키 ② 브라질
③ 에티오피아 ④ 미국

2. 커피 메뉴 중 카푸친 수도회 수도사들이 입던 옷의 색과 비슷하다는 설에 의해 이름 붙여진 것으로 맞는 것은?

① 카페 콘판나 ② 카푸치노
③ 카페 아메리카노 ④ 카페 라떼

3. 다음은 커피의 기원설에 관한 이야기이다. 밑줄 친 부분에 들어갈 내용으로 맞는 것은?

> 아라비아의 이슬람교 승려인 _____가 커피를 마신 뒤 전파되었다는 설로서 _____가 아라비아 오우삽(Ousab)으로 추방된 산 속을 헤매다가 한 마리의 새가 빨간 열매를 쪼아 먹는 모습을 보고 그 열매를 따먹었다는 설이다.

① 윌리엄 유커스 ② 칼디
③ 아비세나 ④ 셰이크 오마르

4. 다음 중 위험요인을 분석하고 위험에 관계되는 중요한 점을 관리하는 식품안전관리 제도로 맞는 것은?

① HACCP 제도 ② NPS 제도
③ NFSI 제도 ④ NGO 제도

5. 다음 중 생두를 볶아서 우리가 마시는 원두로 만드는 단계를 일컫는 말로 옳은 것은?

① 건조 단계 ② 로스팅 단계
③ 분쇄 단계 ④ 추출 단계

6. 다음 중 커피 원두의 카페인 성분을 최대한 제거하여 제조한 커피를 이르는 말로 맞는 것은?

① 더치 커피 ② 드립 커피
③ 믹스 커피 ④ 디카페인 커피

7. 세계에서 생산되는 생두의 약 70%를 차지하고 있는 커피 품종으로 맞는 것은?

① 리베리카 종 ② 로부스타 종
③ 아라비카 종 ④ 피베리 종

8. 커피가 생산되는 남위 23.5°에서 북위 23.5° 사이의 지역을 일컫는 말로 맞는 것은?

① 커피 라인 ② 커피 벨트
③ 커피 지대 ④ 그린 존

9. 커피의 맛을 감별하는 행위를 일컫는 말로 맞는 것은?

① 커핑 ② 테스팅
③ 그라인딩 ④ 블렌딩

10. 우리가 마시는 한 잔의 커피가 되기까지의 일반적인 과정으로 옳은 것은?

① 로스팅→체리→생두 가공→그라인딩
② 체리→생두 가공→로스팅→그라인딩
③ 체리→로스팅→그라인딩→생두 가공
④ 그라인딩→생두 가공→체리→로스팅

Coffee Baristar

11. 다음 중 카페인이 인체에 미치는 영향으로 틀린 것은?

① 각성 효과가 있다.
② 신체의 에너지를 생성하는 효과가 있다.
③ 불면증을 유발하는 경우는 없다.
④ 이뇨작용을 촉진한다.

12. 다음 중 커피를 산패 시키는 원인이 아닌 것은?

① 산소　　　　　　　② 온도
③ 습도　　　　　　　④ 고도

13. 다음 중 생두 가공방식에 속하지 않는 것은?

① 건식법　　　　　　② 스프리트법
③ 습식법　　　　　　④ 반건식법

II. 커피 기계학

14. 다음 중 커피 머신의 작동 방식이 아닌 것은?

① 반영구식　　　　　② 수동식
③ 반자동식　　　　　④ 전자동식

15. 다음이 설명하는 커피 머신의 부품으로 옳은 것은?

> - 커피 머신의 소모품이다.
> - 추출할 때 물이나 압력이 밖으로 나가는 것을 막아 준다.
> - 일반적으로 고무와 같은 재질로 되어 있다.
> - 탄력이 없어지거나 물이 새면 교체해 준다.

① 메인 스위치　　　　② 압력 게이지
③ 그룹 개스킷　　　　④ 펌프 모터

16. 커피 머신 중 우유를 데울 때나 거품을 낼 때 사용하는 것으로서 구멍이 2~5개로 이루어진 것은?

① 스파웃 ② 스팀 노즐
③ 스팀 밸브 ④ 포타필터

17. 아래 그림과 같은 부품의 명칭으로 맞는 것은?

① 추출 버튼 ② 드립 트레이
③ 포타필터 ④ 온수 게이지

18. 독립형과 일체형이 있고 외부로부터 유입된 물을 데우는 역할을 하는 부품으로 맞는 것은?

① 보일러 ② 히터
③ 플로 메터 ④ 수위 감지봉

19. 아래 그림의 동그라미 안에 있는 부분을 통칭하는 것으로 옳은 것은?

① 탬퍼 ② 도저
③ 호퍼 ④ 원두 투입 레버

20. 다음 중 일반적으로 많이 사용되는 그라인더 분쇄 날의 크기에 속하는 것은?

① 105mm　　　　　　　　② 95mm
③ 80mm　　　　　　　　　④ 64mm

21. 음 중 커피 머신의 전원이 "OFF" 된 원인과 가장 거리가 먼 것은?

① 플러그 및 콘센트 이상　　② 메인 배전반 차단기 이상
③ 전원 스위치 불량　　　　　④ 수돗물 단수

22. 커피 머신에서 커피가 추출되는 속도가 너무 빠를 때 그 원인으로 보기 어려운 것은?

① 분쇄 입자가 클 때　　　　② 원두 투입량이 적을 때
③ 수도 밸브가 잠겼을 때　　④ 펌프 압력이 너무 높을 때

23. 다음 중 커피 교육기관에서 일반적으로(특수한 경우 제외) 많이 쓰이는 커피 머신의 종류로 맞는 것은?

① 반자동 머신　　　　　　　② 전자동 머신
③ 자동 머신　　　　　　　　④ 수동 머신

24. 다음 커피 머신 부품 중 공급되는 수압이 일정 수치 이상으로 높아지면 작동되는 장치로 맞는 것은?

① 스팀 밸브　　　　　　　　② 온수 전자밸브
③ 과수압 방지밸브　　　　　④ 펌프 모터

25. 다음 중 일반적으로 9bar의 압력을 이용하여 커피를 추출하는 방식으로 옳은 것은?

① 핸드드립에 의한 추출　　　② 커피 머신에 의한 추출
③ 모카포트에 의한 추출　　　④ 사이폰에 의한 추출

III. 커피 추출 원론

26. 여러 가지 기구 및 기계를 이용하여 커피 성분을 뽑아내는 과정을 일컫는 말로 맞는 것은?
① 가공
② 추출
③ 혼합
④ 분쇄

27. 다음 중 가장 오래된 추출 기구이며 터키식 커피추출에 이용되는 것은?
① 프렌치 프레스
② 클레버
③ 이브릭 또는 체즈베
④ 커피 머신

28. 에스프레소를 추출하기 위해 물이 공급되고 포타필터를 장착하는 곳으로 맞는 것은?
① 플로 메터
② 보일러
③ 솔레노이드 밸브
④ 그룹헤드

29. 재질이 스테인리스, 알루미늄 등이고 분쇄된 커피를 추출하기 알맞게 다져주는 도구로 맞는 것은?
① 탬퍼
② 포타필터
③ 로드
④ 포트

30. 커피가루에 9bar의 압력으로 뜨거운 물을 가하여 짧은 시간 동안 추출한 고농축 커피로 맞는 것은?
① 마끼아또
② 에스프레소
③ 아메리카노
④ 카푸치노

31. 에스프레소 양이 30ml일 때 그보다 적은 15~20ml의 양으로 추출된 강하고 진한 고농축 커피로 맞는 것은?
① 에스프레소 로마노
② 카페 모카
③ 리스트레또
④ 코레토

32. 2배(Double)라는 의미의 이탈리아어로, 2잔 분량의 에스프레소를 한 잔에 담은 커피로 맞는 것은?

① 콘 판나 ② 카페 로열
③ 카페 칼루아 ④ 도피오

33. 다음 중 커피 등의 음료 표면에 여러 가지 무늬나 그림을 만들어 내는 기술로 맞는 것은?

① 라떼아트 ② 페인팅
③ 드로잉 ④ 밀크 디자인

34. 다음은 우유 스티밍에 관한 내용이다. 틀린 것은?

① 우유는 차가운 것이 유리하다.
② 스티밍 시 스팀 노즐을 전후좌우로 움직여 주는 것이 좋다.
③ 스티밍 온도가 너무 높아지면 좋은 결과를 얻을 수 없다.
④ 스티밍 전에 스팀 노즐의 잔여 수분을 제거해 주는 것이 좋다.

35. 다음 중 스티밍 작업에 유리하며 지방 함량을 2% 이내로 줄인 우유로 맞는 것은?

① 살균 우유 ② 멸균 우유
③ 저지방 우유 ④ 탈지 우유

36. 다음은 크레마(Crema)에 대한 설명이다. 틀린 것은?

① 단열층 역할을 하여 커피가 식는 것을 막는 효과가 있다.
② 커피 향이 함유된 지방 성분이 많다.
③ 일반적으로 황금색이나 갈색이다.
④ 분쇄도 등의 조건이 변해도 크레마 품질은 일정하다.

37. 다음 중 에스프레소 성분이 과소 추출되는 경우가 아닌 것은?

① 분쇄 입자가 너무 굵다. ② 추출 시간이 너무 길다.
③ 물의 온도가 낮다. ④ 커피가 적정량보다 적게 사용됐다.

38. 다음 중 아래 박스 안에 있는 기구들을 사용하여 추출하는 방법으로 맞는 것은?

> 포트, 드립퍼, 페이퍼 필터, 융 필터

① 더치 커피　　　　　　② 프렌치 프레스
③ 핸드드립　　　　　　④ 모카포트

IV. 매장 관리 서비스

39. 다음 중 커피바리스타가 고객에게 보이는 태도로서 올바르지 않은 것은?

① 고객을 교육시켜 알리려는 태도가 중요하다.
② 고객의 입장에서 생각해 본다.
③ 고객과의 시선은 안정적으로 유지한다.
④ 고객의 말을 경청한다.

40. 접객 서비스 중 용모에 관한 설명이다. 바람직 하지 않은 것은?

① 남성은 뒷머리가 와이셔츠 깃을 넘지 말아야 한다.
② 빗을 가지고 다니면서 자주 거울을 대한다.
③ 문신은 유행임으로 많이 할수록 좋다.
④ 남성은 옆머리가 귀를 덮어서는 곤란하다.

41. 고객과의 대화 시 말하는 방법이다. 틀린 것은?

① 밝고 명랑한 표정으로 말한다.　　② 가능한 한 영어를 많이 사용한다.
③ 말할 때 시선은 고객의 미간을 향한다.　　④ 발음은 정확하고 명료하게 한다.

42. 다음은 고객에 대한 인사 예절이다. 틀린 것은?

① 고객과 마주칠 때 인사한다.
② 적절한 인사말과 함께 인사한다.
③ 허리를 적당히 굽혀 인사한다.
④ 앉아서 근무하는 경우 일어서서 인사할 필요 없다.

43. 접객 시 고객이 있는 경우 대기하는 자세이다. 틀린 것은?

① 코웃음 같은 소리를 내서는 안 된다.
② 고객의 복장을 위 아래로 쳐다본다.
③ 팔짱을 껴서는 안 된다.
④ 직원들 간 크게 떠들지 않는다.

44. 다음은 커피를 고객에게 서비스 할 때의 원칙이다. 틀린 것은?

① 커피는 트레이에 들어 운반한다.
② 고객이 남녀인 경우 여성부터 서비스한다.
③ 연장자에게 먼저 서비스한다.
④ 티스푼과 손잡이는 고객 왼쪽으로 향해 서비스 한다.

45. 고객에게 메뉴를 추천할 때의 요령이다. 틀린 것은?

① 판매자 위주의 메뉴를 추천한다.
② 계절별 특별 메뉴를 추천하는 것도 좋다.
③ 상황에 맞는 적절한 가격을 고려해서 추천한다.
④ 품목은 구체적으로 선정하여 추천한다.

46. 다음은 고객 분실물을 습득했을 때의 행동 수칙이다. 틀린 것은?

① 귀중품인 경우 경찰서 등에 신고한다.
② 분실물은 관리 대장에 기록하는 것이 좋다.
③ 일정 기간이 지나도 주인이 없으면 임의로 처분한다.
④ 분실물 서비스 품질이 업장의 이미지를 높일 수 있다.

47. 카페를 창업하려 할 때 준비사항이다. 가장 틀린 것은?

① 해당 분야의 전문 지식을 습득해야 한다.
② 카페의 컨셉을 정확히 설정한다.
③ 인테리어 비용은 가능한 많이 지출한다.
④ 정확한 상권분석을 한다.

48. 다음은 점포를 계약할 때의 유의사항이다. 가장 틀린 것은?

① 등기부 등본을 체크해야 한다.
② 등기부에 등재된 소유주와 계약해야 한다.
③ 확정일자를 반드시 받는다.
④ 권리금은 건물 소유주에게 지급한다.

49. 다음은 고객이 떠난 후 테이블 정리 정돈에 관한 사항이다. 가장 틀린 것은?

① 정리는 위생적이고 신속하게 한다.
② 고객이 자리에서 일어나자마자 정리를 시작 한다.
③ 사용된 기물은 종류별로 세척 공간으로 운반한다.
④ 정리할 때는 옆 테이블 고객에게 방해가 되지 않도록 한다.

50. 다음은 고객으로부터 주문을 받는 기법이다. 가장 틀린 것은?

① 메뉴에 사용된 재료, 조리방법까지를 알아야 할 필요는 없다.
② 주문은 정확하고 알아볼 수 있게 기록하는 것이 좋다.
③ 메뉴를 설명할 때는 명료하게 한다.
④ 주문받는 자세는 고개를 약간 숙여서 받는 것이 좋다.

정 답

1	③	2	②	3	④	4	①	5	②
6	④	7	③	8	②	9	①	10	②
11	③	12	④	13	②	14	①	15	③
16	②	17	③	18	①	19	②	20	④
21	④	22	③	23	①	24	③	25	②
26	②	27	③	28	④	29	①	30	②
31	③	32	④	33	①	34	②	35	③
36	④	37	②	38	③	39	①	40	③
41	②	42	④	43	②	44	④	45	①
46	③	47	③	48	④	49	②	50	①

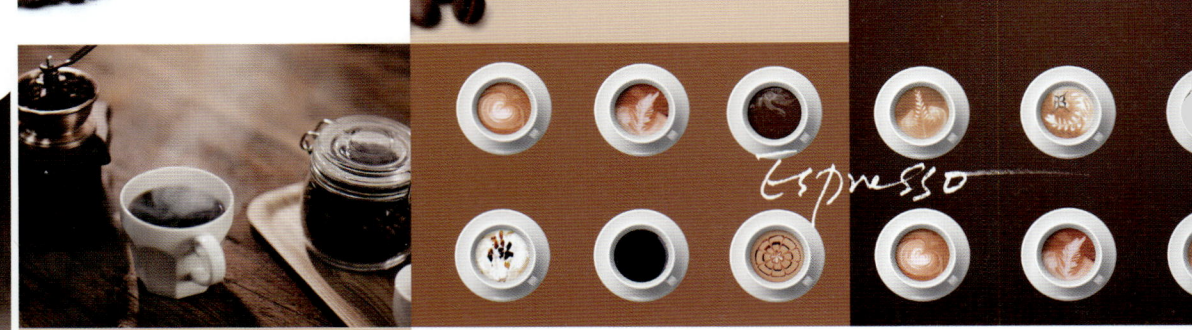

커피 바리스타 2급 실전문제 제12회

I. 커피학개론

1. 커피와 같이 인체의 영양섭취보다는 심리/생리적 욕구를 만족시키기 위한 식품은?

① 생필품　　　　　　　　　② 기호식품
③ 건강식품　　　　　　　　④ 완전식품

2. 다음 밑줄 친 부분에 들어갈 나라는?

> 한국에서 커피가 들어온 것은 1896년 아관파천 때 _____ 공사가 커피나무의 열매를 들여오면서 부터이다.

① 일본　　　　　　　　　　② 미국
③ 러시아　　　　　　　　　④ 중국

3. 다음 내용과 관련이 있는 나라는?

> 에드워드 로이드에 의해 커피하우스가 열렸으며 오늘날 로이드 보험회사로 발전했다.

① 영국　　　　　　　　　　② 독일
③ 브라질　　　　　　　　　④ 프랑스

4. 커피열매 속에 씨가 둥글고 하나밖에 들어있지 않은 것을 칭하는 말은?

① 실버스킨　　　　　　　　② 센터 컷
③ 뉴 크롭　　　　　　　　　④ 피베리

5. 로부스타 종에 대한 설명이다. 틀린 것은?

① 강인한 종자로 병충해에 강하다.
② 아라비카 종에 비해 가격이 비싼 편이다.
③ 인스턴트 커피로 많이 이용된다.
④ 브라질의 코닐론은 로부스타 종이다.

6. 사람의 손으로 커피를 수확하는 방법으로만 연결된 것은?

a. 머천다이징(Merchandising)	b. 핸드 메이드(Hand Made)
c. 스트립핑(Stripping)	d. 핸드 피킹(Hand Picking)

① a-b
② b-c
③ c-d
④ a-d

7. 다음 중 건식법에 대한 설명이 아닌 것은?

① 햇빛이 좋은 지역에서 주로 이용한다.
② 로부스타 생산국에서 주로 이용한다.
③ 생산 단가가 상대적으로 저렴하다.
④ 펄프를 제거 후 건조시킨다.

8. "커피의 황제"로 불리는 블루마운틴 커피를 생산하는 나라는?

① 자메이카
② 과테말라
③ 콜롬비아
④ 예멘

9. 다음 중 로스팅 시 거치는 단계라고 보기 어려운 것은?

① 건조
② 1차 크랙
③ 냉각
④ 액화

Coffee Baristar

10. 우리가 사용하는 SCAA 로스팅 분류에서 "SCAA"가 뜻하는 단체는?

① 유럽스페셜티커피협회　　　② 일본스페셜티커피협회
③ 미국스페셜티커피협회　　　④ 국제커피테이스팅협회

11. 커피를 삼킨 후 혀 뒤끝 부분에서 느끼는 후미를 표현한 것은? (SCAA 기준)

① Flavo　　　② Aftertaste
③ Acidity　　　④ Body

12. 커피가 우리 인체에 미치는 일반적인 영향이다. 틀린 것은?

① 피로감 증가　　　② 이뇨 작용
③ 각성 효과　　　④ 항산화 효과

13. 유지(油脂)를 보존하면서 공기 등의 작용으로 열화하여 불쾌한 맛과 냄새가 나는 현상은?

① 신선도　　　② 선명도
③ 산패도　　　④ 오염도

Ⅱ. 커피 기계학

14. 동(銅) 재질로서 포타필터와 결합하는 아래 그림과 같은 부분의 명칭은?

① 수위 게이지　　　② 그룹 헤드
③ 에어 핀　　　④ 온수 밸브

15. 최초로 증기압을 이용한 커피 머신을 발명한 사람은?

① 가찌아(Gaggia) ② 파보니(Pavoni)
③ 베제라(Bezzera) ④ 유라(Jura)

16. 반자동 커피 머신의 단점이다. 틀린 것은?

① 추출하는 사람에 따라 맛의 차이가 날수 있다.
② 기계에 대한 일정 지식과 기술이 필요하다.
③ 비교적 넓은 설치 공간이 필요하다.
④ 디지털 방식임으로 잔고장률이 높다.

17. 물리적/화학적 방법을 통해 물을 깨끗하게 하는 기구로 맞는 것은?

① 정수기 ② 온수기
③ 연수기 ④ 스팀기

18. 아래 그림 속 부품의 알맞은 명칭은?

① 유량계 ② 보일러 압력게이지
③ 수면 조절계 ④ 온도계

19. 커피 머신을 설치할 때 전기에 관한 설명이다. 틀린 것은?

① 적절한 용량의 차단기와 함께 연결하는 것이 좋다.
② 물을 사용함으로 안전을 위해 접지를 하는 것이 좋다.
③ 머신의 전력은 일반 가전제품에 비해 높다.
④ 콘센트는 일반 가정용 콘센트를 사용한다.

Coffee Baristar

20. 다음 중 커피 머신의 그룹 헤드와 관련이 없는 것은?

① 샤워 홀더　　　　　　　② 샤워 스크린
③ 호퍼 게이트　　　　　　④ 그룹 개스킷

21. 다음 중 커피 머신과 관련이 없는 것은?

① 플라스크　　　　　　　② 역류 방지 밸브
③ 펌프 모터　　　　　　　④ 스팀 노즐

22. 다음은 그라인더에 관한 설명이다. 틀린 것은?

① 에스프레소 결과물에 지대한 영향을 미친다.
② 에스프레소 품질에서 흔히 그라인더의 비중을 간과하는 경우가 많다.
③ 그라인더는 제조사마다 조금씩 운용의 차이가 있다.
④ 그라인더 분쇄도 조정까지를 바리스타가 습득할 필요는 없다.

23. 수동 그라인더에는 존재하고 자동 그라인더에는 없는 부품은?

① 호퍼　　　　　　　　　② 호퍼 게이트
③ 도저 레버　　　　　　　④ 입자 조절 레버

24. 그라인더 날(Burr) 중 납작하고 평평한 모양의 날로서 가장 보편적으로 사용되는 것은?

① 코니컬 버　　　　　　　② 플랫 버
③ 레이먼드 버　　　　　　④ 커맨트 버

25. 커피 머신 설치 시 급수와 배수에 관한 설명 이다. 틀린 것은?

① 급수 라인에 차단 밸브를 설치하면 안 된다.
② 배수 라인은 굴곡이 생기지 않도록 주의한다.
③ 급수 라인의 수압은 너무 약하면 안 된다.
④ 배수 라인은 가능한 너무 길게 하지 않는다.

III. 커피 추출 원론

26. 이탈리아의 스토브 톱이라 불리고 증기압 원리를 이용하는 추출 기구는?
① 사이폰 ② 모카포트
③ 체즈베 ④ 핸드드립

27. 다음 중 사이폰의 구조와 관계가 없는 것은?
① 로드 ② 플라스크
③ 하단 포트 ④ 알코올 램프 또는 버너

28. 커피 머신으로 추출할 때 일반적인 과정으로 맞는 것은?
① 포타필터 분리→그라인딩→탬핑→추출→넉 박스에 버리기
② 탬핑→그라인딩→포타필터 분리→추출→넉 박스에 버리기
③ 포타필터 분리→추출→탬핑→그라인딩→넉 박스에 버리기
④ 그라인딩→추출→탬핑→포타필터 분리→넉 박스에 버리기

29. 다음 중 좋은 에스프레소를 위한 조건에 해당하지 않는 것은?
① 커피와 물의 적정비율 ② 추출시간에 따른 정확한 분쇄
③ 추출기구의 선택과 적절한 조작 ④ 고운 거품의 스티밍 기술

30. 다음 중 에스프레소와 관련이 없는 단어는?
① 빠르다 ② Express
③ 데미타세 ④ 융 필터

31. 다음 메뉴 중 우유가 들어가지 않은 것은?
① 카푸치노 ② 카페 콘판나
③ 카페 라떼 ④ 라떼 마끼아또

32. 커피바리스타에게 요구되는 업무라고 보기 어려운 것은?

① 친절한 고객 서비스　　② 좋은 원두 선별요령
③ 구매 대행　　　　　　④ 재고 관리

33. 다음은 스티밍 과정에 대한 설명이다. 틀린 것은?

① 스팀밸브를 먼저 작동시킨 후에 스팀노즐을 우유에 담근다.
② 부드러운 거품을 알맞게 만들어야 한다.
③ 스티밍 전에 스팀노즐에 있는 물을 빼준다.
④ 작업이 마무리되면 스팀노즐을 청소해야 한다.

34. 로스팅 시 생두에 일어나는 변화와 가장 관계가 적은 것은?

① 부피 변화　　② 무게 변화
③ 색상 변화　　④ 점도 변화

35. 생두를 로스팅할 때 가장 많이 감소되는 성분은?

① 카페인　　② 탄수화물
③ 수분　　　④ 지질

36. 다음은 블렌딩 할 때의 설명이다. 틀린 것은?

① 맛과 향을 체크하면서 배합 비율을 조정한다.
② 되도록 많은 수의 원두를 배합하는 것이 좋다.
③ 유사한 맛과 향의 원두는 가급적 배합하지 않는다.
④ 생두의 크기, 밀도, 함수율 등을 확인해야 한다.

37. 다음 중 커피 향미에 대한 관능평가와 가장 관련이 없는 감각은?

① 시각　　② 후각
③ 미각　　④ 촉각

38. 입안에서 느껴지는 커피의 질감, 무게감 등을 흔히 일컫는 말로 맞는 것은?
① Overall ② Body
③ Winey ④ Ashy

IV. 매장 관리 서비스

39. 식자재 관리의 최종 목적으로 다음 중 옳은 것은?
① 원가 절감 ② 식자재 품질 향상
③ 식자재 수량 파악 ④ 식자재 가격 설정

40. 다음은 식자재 관리의 원칙에 관한 설명이다. 틀린 것은?
① 불필요한 식자재 구입을 차단한다.
② 저장 관리에 신경을 많이 쓴다.
③ 재고 물량은 많을수록 유리하다.
④ '식자재는 곧 현금이다'라는 인식을 갖는다.

41. 다음은 매장 정리정돈의 효과에 관한 설명이다. 틀린 것은?
① 안전사고를 예방할 수 있다.
② 시간과 에너지를 절약할 수 있다.
③ 작업공간이 쾌적해진다.
④ 업무 능률이 현저히 떨어진다.

42. 매장의 화재 예방에 관한 내용이다. 맞지 않는 것은?
① 인화물질 방치 여부를 사전에 점검한다.
② 방화문이 있는 경우 작동 여부를 수시로 점검한다.
③ 소화기구 적재를 수시로 확인한다.
④ 소화기 위치는 수시로 변경한다.

Coffee Baristar

43. 식음료 부분 종사원이 갖춰야 할 일반적 요건으로 맞지 않는 것은?
① 봉사성　　② 청결성
③ 호전성　　④ 정직성

44. 고객과 대화 시 사용하는 '말씨'에 관한 것 중 틀린 것은?
① 존대어를 사용한다.
② 명령형을 사용한다.
③ 긍정형을 사용한다.
④ 겸양어를 사용한다.

45. 다음은 고객 안내요령이다. 틀린 것은?
① 예약 고객일 경우 준비된 테이블로 안내한다.
② 착석이 완료되면 메뉴판을 제공한다.
③ 연로한 고객은 되도록 입구 가까운 곳으로 안내 한다.
④ 서로 모르는 고객끼리도 합석시킨다.

46. 다음은 Selling Up(판매 기술)에 관한 내용이다. 틀린 것은?
① 메뉴 추천은 피상적으로 하는 것이 좋다.
② 메뉴 추천을 주저하지 말아야 한다.
③ 'No(아니요)' 라는 단어를 두려워 말아야 한다.
④ Selling Up의 목적은 매출 극대화이다.

47. 고객의 불평처리에 관한 내용이다. 틀린 것은?
① 항상 긍정적 자세로 불평 원인을 파악해야 한다.
② 서비스만 완벽하면 불평이 생길 수 없다.
③ 동일한 불평이 반복되지 않도록 조치해야 한다.
④ 만족할 만한 불평처리는 매장의 신뢰감을 높일 수 있다.

48. 빌 서비스(Bill Service, 계산 서비스)에 관한 내용이다. 틀린 것은?

① 계산서는 빌 홀더(Bill Holder)에 끼워서 제공 한다.
② 업무 시작 전 잔돈을 충분히 준비해 둔다.
③ 고객이 수표로 지불할 경우 수령을 거부한다.
④ 신용카드 계산 시 거래중지 카드인지 확인한다.

49. 식품위생법 상 식품위생교육 대상자가 아닌 것은?

① 식품가공업자
② 식품운반업자
③ 식품보존업자
④ 인테리어업자

50. 종업원을 고용할 때 주의사항이다. 틀린 것은?

① 고용 여부는 충분한 검토기간을 거쳐 결정한다.
② 고용한 종업원은 실무처리 교육을 철저히 시켜야 한다.
③ 종업원은 자신의 이익보다 항상 사장의 이익을 먼저 생각하기 마련이다.
④ 100% 맘에 드는 종업원은 없다고 생각하는 것이 바람직하다.

정 답

1	②	2	③	3	①	4	④	5	②
6	③	7	④	8	①	9	④	10	③
11	②	12	①	13	③	14	②	15	③
16	④	17	①	18	②	19	④	20	③
21	①	22	④	23	③	24	②	25	①
26	②	27	③	28	①	29	④	30	④
31	②	32	③	33	①	34	④	35	③
36	②	37	①	38	②	39	①	40	③
41	④	42	④	43	③	44	②	45	④
46	①	47	②	48	③	49	④	50	③

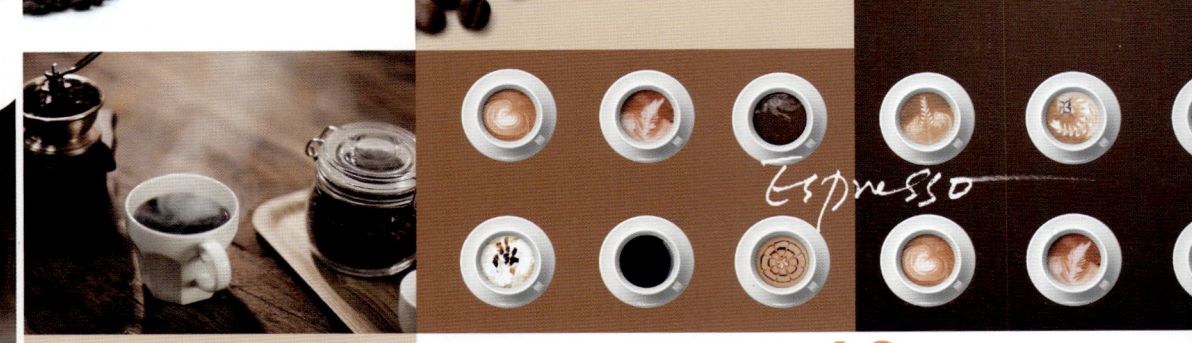

커피 바리스타 2급 실전문제 제13회

I. 커피학개론

1. 커피를 음료로서 처음 음용하기 시작한 나라는?

① 이탈리아　　　　　　　　② 영국
③ 터키　　　　　　　　　　④ 에티오피아

2. "Coffee"의 어원 중 에티오피아의 지역 이름과 연관되어 있는 것은?

① 카와(Qahwah)　　　　　② 카파(Kaffa)
③ 카베(Kahve)　　　　　　④ 카페(Café)

3. 커피의 맛과 그 원인 성분으로 틀린 것은?

① 떫은 맛-단백질　　　　　② 신맛-지방산
③ 쓴맛-카페인　　　　　　④ 단맛-당질

4. 다음 밑줄 친 곳에 들어갈 말로 맞는 것은?

> 고종 황제는 덕수궁 내 경치 좋은 곳에 _____ 이라는 우리나라 최초의 양관을 지었는데 이 건물에서 커피를 즐겨 마셨다.

① 소쇄원　　　　　　　　　② 초지진
③ 진남관　　　　　　　　　④ 정관헌

176

5. 커피를 과다하게 마실 경우 빠져나간다고 알려진 영양성분은?
   ① 나트륨   ② 칼슘
   ③ 지질   ④ 비타민 B

6. 다음 중 커피의 성분이 아닌 것은?
   ① 게르마늄   ② 카페인
   ③ 트리고넬린 ④ 지질

7. 커피의 재배조건으로 틀린 것은?
   ① 배수가 좋은 화산성 토양
   ② 연 강수량 1,500~2,000mm
   ③ 서리가 잦은 지역
   ④ 연평균 기온 22℃

8. 커피체리 안에 생두를 감싸고 있는 딱딱한 껍질을 무엇이라 하는가?
   ① 실버스킨   ② 센터 컷
   ③ 피베리   ④ 파치먼트

9. 수확한 지 1년 미만 정도의 생두를 흔히 일컫는 말은?
   ① 패스트 크롭   ② 뉴 크롭
   ③ 올드 크롭   ④ 세미 패스트 크롭

10. 체(일정 크기의 구멍이 있음)의 통과 여부로 생두의 크기를 분류하는 방법은?
   ① 스크린 사이즈 ② 사이즈 메시
   ③ 오버 사이즈   ④ 빈 스케일

Coffee Baristar

11. 로스팅 과정에서 발생하는 열의 성질에 속하지 않는 것은?

① 열의 전도　　　　　　　　② 대류
③ 냉각　　　　　　　　　　④ 열의 액화

12. 커피의 신선도 유지에 대한 설명이다. 틀린 것은?

① 공기와 접촉에 의해 큰 영향을 받는다.
② 로스팅 후 약 2주가 지나면 맛과 향이 많이 소멸된다.
③ 분쇄된 커피는 맛과 향의 휘발속도가 현저히 느려진다.
④ 로스팅 후 발생하는 이산화탄소가 공기를 차단하는 역할도 한다.

13. 고지대에서 재배된 생두의 특성에 대한 설명 이다. 틀린 것은?

① 고지대 일수록 단단하다.
② 고지대 일수록 밀도가 높다.
③ 고지대 일수록 신맛이 좋지 않다.
④ 고지대 일수록 향과 플레이버가 풍부하다.

II. 커피 기계학

14. 커피바리스타가 커피 머신에 대해 가져야 할 태도이다. 가장 틀린 것은?

① 기본 구조를 알아야 한다.
② 추출 원리를 알아야 한다.
③ 관리 방법을 알아야 한다.
④ 유통 방식을 알아야 한다.

15. 추출 기구의 역사를 시간대별로 맞게 표시한 것은?

① 드립 방식→이브릭→베큠 포트→커피 머신
② 이브릭→드립 방식→베큠 포트→커피 머신
③ 베큠 포트→이브릭→드립 방식→커피 머신
④ 이브릭→베큠 포트→드립 방식→커피 머신

16. 전자동 커피머신의 장점으로 틀린 것은?

① 추출하는 사람에 따라 맛의 차이가 있다.
② 설치 공간이 넓을 필요 없다.
③ 추출하기가 쉽고 편리하다.
④ 디자인이 환경과 어울리고 다양하다.

17. 다음 중 보일러 내부 물의 양을 확인할 수 있는 부품의 명칭은?

① 압력 게이지
② 수위 게이지
③ 틈새 게이지
④ 크렉 게이지

18. 커피 머신에서 떨어지는 물을 받아 배수관으로 흘려주는 받침대의 명칭은?

① 급수 어셈블리
② 에어 핀
③ 드립 트레이
④ 바이메탈

19. 그룹 헤드가 동(銅) 재질로 만들어진 이유로 가장 타당한 것은?

① 내구성을 높이기 위해
② 도금이 쉬워서
③ 디자인이 좋아서
④ 온도 유지를 위해

20. 커피 머신 부품 중 세제나 약품으로 청소할 필요가 전혀 없는 것은?

① 펌프 헤드
② 그룹 헤드
③ 포타필터
④ 스팀 완드

21. 커피 머신 보일러 안에 물과 수증기의 일반적인 비율로 맞는 것은?

① 물 40%, 수증기 60%
② 물 50%, 수증기 50%
③ 물 60%, 수증기 40%
④ 물 70%, 수증기 30%

Coffee Baristar

22. 다음 중 그라인더 날의 재질이 아닌 것은?

① 스틸 재질　　　　　　　② 플라스틱 재질
③ 세라믹 재질　　　　　　④ 티타늄 재질

23. 매장에서 권장하는 그라인더 호퍼의 청소 주기로 가장 옳은 것은?

① 매일　　　　　　　　　② 일주일에 1회
③ 1개월에 1회　　　　　　④ 3개월에 1회

24. 그라인더가 '웅~' 하는 소리만 나고 작동하지 않을 때 조치로 맞는 것은?

① 전원이 꺼져 있는지 확인한다.
② 날의 간격이 너무 좁지 않은지 확인한다.
③ 도저레버 스프링이 불량인지 확인한다.
④ 그라인더의 수평이 안 맞는지 확인한다.

25. 커피 추출 시 포타필터 주변으로 물이 흐를 때 조치로 맞는 것은?

① 보일러에 물이 없는지 확인한다.
② 추출수 온도를 확인한다.
③ 개스킷의 상태를 확인한다.
④ 원두 분쇄 굵기를 확인한다.

III. 커피 추출 원론

26. 원두로부터 얼마나 많은 성분을 추출했는지 표현하는 수치는?

① 추출 전도율　　　　　　② 추출 굴절률
③ 추출 용존률　　　　　　④ 추출 수율

27. 다음 중 에스프레소 추출 요소가 아닌 것은?

① 그라인딩　　　　　　② 클린징
③ 도징　　　　　　　　④ 탬핑

28. 커피 머신을 이용한 추출 방법으로 맞는 것은?

① 달임법　　　　　　　② 우려내기법
③ 가압추출법　　　　　④ 여과법

29. (사)한국능력교육개발원 커피바리스타 2급 실기 에서 '카페 아메리카노' 결과물의 기준 온도는?

① 40℃~50℃　　　　　② 50℃~60℃
③ 60℃~70℃　　　　　④ 70℃~80℃

30. (사)한국능력교육개발원 커피바리스타 2급 실기 에서 요구하는 '카푸치노' 거품의 양은?

① 1cm 이상　　　　　　② 1.5cm 이상
③ 2cm 이상　　　　　　④ 2.5cm 이상

31. 맛있는 커피를 추출하기 위한 조건으로 맞지 않는 것은?

① 조화롭게 볶아진 원두　　② 커피바리스타의 추출 기술
③ 볶음도에 적합한 추출기구　④ 광물질이 풍부한 경수

32. 매장에서 커피바리스타가 지켜야 할 내용으로 틀린 것은?

① 남는 커피는 데워서 온도를 유지하라.
② 커피 잔은 예열하여 사용하라.
③ 신선한 원두를 사용하라.
④ 깨끗하고 좋은 물을 사용하라.

33. 다음 중 분쇄도를 가장 가늘게 하여 추출해야 하는 것은?
① 핸드드립 추출　　　　② 사이폰 추출
③ 프렌치 프레스 추출　　④ 에스프레소 추출

34. 다음 중 핸드드립 커피의 특징이 아닌 것은?
① 부드럽고 깔끔한 맛이 특징이다.
② 기구 가격이 비교적 저렴하다.
③ 추출 시간이 신속하다.
④ 추출 기술이 중요하다.

35. 이탈리아어로 '길다'는 뜻으로 에스프레소를 시간상 길게 추출한 커피를 가리키는 것은?
① 도피오　　　　② 룽고
③ 리스트레또　　④ 마끼아또

36. 다음은 드립 포트에 관한 설명이다. 틀린 것은?
① 주둥이를 통상 학구(鶴口)라고 한다.
② 배출구는 S자형보다 직선형이 좋다.
③ 배출구가 가늘수록 물의 힘은 약해진다.
④ 사용 후 뒤집어 보관하는 것이 좋다.

37. (사)한국능력교육개발원 커피바리스타 2급 실기에서 요구하는 에스프레소 추출 기준 시간은?
① 20초~30초　　② 30초~40초
③ 40초~50초　　④ 50초~60초

38. 커피와 물에 대한 설명이다. 틀린 것은?
① 커피 추출액의 99% 정도가 물이다.
② 순수한 물 자체는 중성이다.
③ 커피는 유기물이 많은 물이 좋다.
④ 커피는 염소성분이 없는 물이 좋다.

IV. 매장 관리 서비스

39. 다음 중 커피 매장 위생관리의 범위가 아닌 것은?
　① 개인위생　　　　　　② 주방위생
　③ 식품위생　　　　　　④ 정신위생

40. 식품 위생관리의 궁극적인 목적으로 맞는 것은?
　① 매출 증대　　　　　② 소비자 만족
　③ 질병 예방　　　　　④ 상권 분석

41. 다음은 주방의 안전관리 내용으로 맞지 않는 것은?
　① 가스밸브는 사용 후 꼭 확인한다.
　② 개인 복장은 깨끗하고 단정히 입는다.
　③ 오븐이 있는 경우 온도를 확인한다.
　④ 물이 있을 때 전기장비는 손대지 않는다.

42. 다음은 구매명세서를 이용할 때의 장점이다. 틀린 것은?
　① 납품업자 선정에 유리
　② 경제적인 구매 가능
　③ 명료한 의사소통 가능
　④ 원가관리의 기초자료로 사용

43. 고객을 대하는 커피바리스타의 마음가짐으로 틀린 것은?
　① 항상 미소 띤 얼굴을 한다.
　② 고객의 이름을 기억하지 않는다.
　③ 신속하고 정확한 서비스를 한다.
　④ 긍정적이고 적극적인 사고로 임한다.

44. 고객이 필기구를 찾을 때의 행동이다. 틀린 것은?

① 15도 각도로 건네는 것이 좋다.
② 두 손으로 받쳐서 건넨다.
③ 펜(심 쪽) 끝을 고객 쪽으로 향하게 건넨다.
④ 필기구는 항상 충분히 준비해 둔다.

45. 식품 보존 방법 중 화학처리에 의한 방법이 아닌 것은?

① 염장법
② 당장법
③ 산 저장법
④ 저온 살균법

46. 주방에 발생하는 사고 원인으로 보기 어려운 것은?

① 식재료 보존 실패
② 시설 및 장비 관리 소홀
③ 전기와 가스 사용 부주의
④ 작업자들의 피로감

47. 일반적으로 식재료를 '냉장 저장한다'라는 의미는?

① 1℃ 이하로 저장
② 5℃ 이하로 저장
③ 10℃ 이하로 저장
④ 15℃ 이하로 저장

48. 다음 중 물리적 살균/소독에 속하지 않는 것은?

① 자외선 살균
② 방사선 살균
③ 알코올 살균
④ 열탕 살균

49. 커피 매장 직원관리에 대한 설명이다. 틀린 것은?

① 직원 수를 가급적 늘린다.
② 가족경영 형태도 고려할 만하다.
③ 인간적 유대관계를 형성한다.
④ 일정 권한을 주고 임하게 한다.

50. 사람을 소개할 때의 예절이다. 틀린 것은?

① 소개할 사람들 사이에 위치한다.
② 여성을 남성에게 먼저 소개한다.
③ 자기와 가까운 사람을 먼저 소개한다.
④ 손아랫사람을 손윗사람에게 먼저 소개한다.

정 답

1	③	2	②	3	①	4	④	5	②
6	①	7	③	8	④	9	②	10	①
11	④	12	③	13	③	14	④	15	②
16	①	17	②	18	③	19	④	20	①
21	④	22	②	23	①	24	②	25	③
26	④	27	②	28	③	29	③	30	①
31	④	32	①	33	④	34	③	35	②
36	②	37	①	38	③	39	④	40	③
41	②	42	①	43	②	44	③	45	④
46	①	47	②	48	③	49	①	50	②

Coffee Baristar

제3편

커피 바리스타 1, 2급
통합 문제

커피 바리스타 1, 2급 통합문제 제1회

1. 다음 내용과 관련이 있는 나라는?

> 에드워드 로이드에 의해 커피하우스가 열렸으며 오늘날 로이드 보험회사로 발전했다.

① 영국 ② 독일
③ 브라질 ④ 프랑스
⑤ 이탈리아

2. 커피가루에 물을 머금게 한 후 천천히 추출하는 방법을 흔히 일컫는 말은?

① 프레싱 ② 머시닝
③ 부루잉 ④ 아이싱
⑤ 커핑

3. 다음은 커피의 기원설에 관한 이야기이다. 밑줄 친 부분에 들어갈 내용으로 맞는 것은?

> 아라비아의 이슬람교 승려인 ＿＿＿＿가 커피를 마신 뒤 전파되었다는 설로서 ＿＿＿＿가 아라비아 오우삽(Ousab)으로 추방된 산 속을 헤매다가 한 마리의 새가 빨간 열매를 쪼아 먹는 모습을 보고 그 열매를 따 먹었다는 설이다.

① 윌리엄 유커스 ② 칼디
③ 아비세나 ④ 셰이크 오마르
⑤ 루네스 기원설

4. 커피메뉴 중 카푸친 수도회 수도사들이 입던 옷의 색과 비슷하다는 설에 의해 이름 붙여진 것으로 맞는 것은?

① 카페 콘판나 ② 카푸치노
③ 카페 아메리카노 ④ 카페 라떼
⑤ 카페 로마노

5. 세계에서 생산되는 생두의 약 70%를 차지하고 있는 커피 품종으로 맞는 것은?

① 리베리카 종　　　　　② 로부스타 종
③ 아라비카 종　　　　　④ 피베리 종
⑤ 티피카 종

6. 커피체리 안에 생두를 감싸고 있는 딱딱한 껍질을 무엇이라 하는가?

① 실버스킨　　　　　② 센터 컷
③ 피베리　　　　　　④ 펙틴
⑤ 파치먼트

7. 다음 중 로스팅 기기(머신)의 가열방식에 속하는 것은?

① 압력 조절식　　　　② 증기 방식
③ 가스 직동식　　　　④ 직화식
⑤ 피스톤식

8. 우리나라에 1회용 인스턴트 커피가 등장한 시기로 맞는 것은?

① 아관파천 때 러시아 공사에 의해　　② 네덜란드에서 돌아온 헤이그 특사에 의해
③ 6·25 전쟁 시 미군에 의해　　　　　④ 모스크바 3상 회의 때 유엔에 의해
⑤ 일본 망명 후 귀국한 박영효에 의해

9. 커피의 유럽 전파에 관한 설명이다. 틀린 것은?

① 유럽 전파 당시 아랍인에 의해 커피 종자도 자유롭게 거래되었다.
② 1616년경 네덜란드 상인에 의해 원두가 유럽으로 밀반출 되었다.
③ 프랑스는 루이 14세가 커피나무를 선물 받으면서부터 전래되었다.
④ 처음에는 만병통치약으로 유럽에 소개되었다.
⑤ 이탈리아는 르네상스 예술가들을 중심으로 커피가 퍼졌다.

10. 다음 중 커피의 쓴맛을 내는 성분으로 가장 보기 어려운 것은?

① 카페익산(Caffeiksan)　　② 카페인
③ 트리고넬린　　　　　　　④ 클로로제닉산
⑤ 주석산

Coffee Baristar

11. 유연한 플라스틱 필름에 물건을 싸고 내부를 진공으로 탈기함과 동시에 필름의 둘레를 용착 밀봉하는 포장기법은?

① 가스치환포장기법 ② 산소포장기법
③ 탈산소제봉입포장기법 ④ 무균포장기법
⑤ 진공포장기법

12. 보기의 조건으로 만들어진 커피를 무엇이라고 부르는가?

> • 그린빈(Green Bean) 상태의 생두를 중기로 쪄서 수분율이 50~60%가 되게 한다.
> • 솔벤트, 물, CO_2 등을 사용하여 커피와 카페인을 분리한다.
> • 커피성분을 넣고 열풍 건조시켜 수분율을 13%로 맞춘다.

① 드립 커피 ② 디카페인 커피
③ 향 커피 ④ 인스턴트 커피
⑤ 모카 커피

13. 다음 중 커피 생두에 가장 많이 함유되어 있는 성분으로 알맞은 것은?

① 탄수화물(Carbohydrate) ② 단백질(Protein)
③ 미네랄(Mineral) ④ 지질(Lipid)
⑤ 유기산(Organic Acid)

14. 다음 중 커피의 가공방식에 대한 설명으로 바른 것은?

① 습식법의 가공과정은 건조-펄핑-과육/파치먼트 동시 제거 순으로 이루어진다.
② 건식법은 로부스타를 생산하는 국가들만이 이용한다.
③ 건식법은 생두의 질이 좋고 균일하다는 특징이 있다.
④ 습식법으로 가공된 생두는 건식법으로 가공한 생두보다 맛의 특징에서 산미가 매우 강하게 느껴진다.
⑤ 습식법은 생산단가가 저렴하고 건식법보다 환경오염이 적다는 특징이 있다.

15. 다음은 커피생산지별 명칭이다. 생산되는 대륙이 다른 것은 무엇인가?

① 예가체프(Yirgacheffe) ② 하라(Harrar)
③ 킬리만자로(Kilimanjaro) ④ 시다모(Sidamo)
⑤ 엑셀소(Excelso)

16. 다음 중 살균포장에 대한 설명으로 가장 옳지 않은 것은?

① 식품을 100℃ 이상으로 가열하면 내열성 세균이라 할지라도 살균이 가능하다.
② 건열살균법은 공기를 가열시켜 식품이나 용기를 살균하거나 미생물을 응고 탄화시키는 방법이다.
③ 간헐살균법은 100℃이상으로 가열하면 모든 영양세포가 살균된다.
④ 증기살균법은 코흐(koch) 살균 솥을 이용하여 물이 끓어서 수증기가 발생될 때 내용물을 넣고 밀폐시켜 100℃로 상승한 후부터 30분간 살균한다.
⑤ 순간살균법은 주로 액체 식품을 순간적으로 살균온도로 노출하는 방법이다.

17. 커피 보관을 위해 사용하는 밀폐용기에 관한 설명이다. 바르지 못한 것은?

① 밀폐용기에서 커피가 신선도를 유지하려면 용기 속에 커피가 꽉 차 있어야 한다.
② 밀폐용기 내의 여유 공간이 있더라도 커피가 내뿜은 탄산가스와 향이 가득 차 있어 산패 지연과 향 보존에 어느 정도의 역할을 한다.
③ 밀폐용기를 사용하려면 플라스틱으로 된 것이 좋다.
④ 밀폐용기는 습기의 유입을 막아 커피의 산패를 늦추는 효과가 있으나 소비자의 기대치만큼의 효과를 기대하기는 어렵다.
⑤ 밀폐된 커피용기를 꺼내어 실내온도와 같아지게 한 뒤에 개봉하여 사용하는 것이 좋다.

18. 그룹 헤드의 개스킷에 관한 설명이다. 틀린 것은?

① 통상 교체 주기는 6~10개월로 본다.
② 뜨거운 열의 영향을 전혀 받지 않는다.
③ 교체 시 치수와 모델을 확인해야 한다.
④ 한계 수명 전에 미리 교체하는 것이 좋다.
⑤ 물이 세는 경우 확인 부품에 속한다.

19. 다음은 그라인더의 호퍼에 관한 설명이다. 가장 틀린 것은?

① Cover(뚜껑)과 원두 투입 레버로 구성된다.
② 일반적으로 용량은 2kg을 많이 쓴다.
③ 원두의 오일 성분이 묻게 됨으로 청결이 중요하다.
④ 물기가 있는 상태에서 사용해도 무방하다.
⑤ 청소는 세제를 이용하는 것이 좋다.

20. 커피 머신을 설치할 때 전기에 관한 설명이다. 틀린 것은?

① 적절한 용량의 차단기와 함께 연결하는 것이 좋다.
② 물을 사용함으로 안전을 위해 접지를 하는 것이 좋다.
③ 머신의 전력은 일반 가전제품에 비해 높다.
④ 콘센트는 일반 가정용 콘센트를 사용한다.
⑤ 전선은 전기 용량을 견딜 수 있는 굵기로 사용하는 것이 좋다.

Coffee Baristar

21. 커피 추출 시 포타필터 주변으로 물이 흐를 때 조치로 맞는 것은?

① 개스킷의 상태를 확인한다. ② 추출수 온도를 확인한다.
③ 보일러에 물이 없는지 확인한다. ④ 원두 분쇄 굵기를 확인한다.
⑤ 온수 추출밸브를 확인한다.

22. 다음이 설명하는 커피 머신의 부품으로 옳은 것은?

> • 커피 머신의 소모품이다.
> • 추출할 때 물이나 압력이 밖으로 나가는 것을 막아 준다.
> • 일반적으로 고무와 같은 재질로 되어 있다.
> • 탄력이 없어지거나 물이 새면 교체해 준다.

① 메인 스위치 ② 압력 게이지
③ 그룹 개스킷 ④ 펌프 모터
⑤ 샤워 스크린

23. 에스프레소 기계 중 에스프레소에 필요한 물을 적절한 온도로 가열하고 저장하는 역할을 하는 장치는?

① 히터 ② 개스킷
③ 그룹헤드 ④ 포타필터
⑤ 보일러

24. 지하수를 에스프레소 기계에 직접 연결해 사용하려고 한다. 이때 다음 중 기계에 치명적인 무기질은?

① 철 ② 칼슘
③ 인 ④ 납
⑤ 규소

25. 1901년 이탈리아 밀라노에서 증기압을 이용하여 처음으로 머신을 개발해 발표하고 특허를 취득한 사람은 누구인가?

① 루이지 베제라(Luigi Bezzera) ② 아킬레 가찌아(Achille Gaggia)
③ 데지데리오 파보니(Desiderio Pavoni) ④ 달라코르테(Dalla Corte)
⑤ 주세페 밤비(Giuseppe Bambi)

26. 일체형 보일러를 설명한 것 중에 가장 틀린 것은?

① 커피 보일러는 간접적으로 물이 데워진다.
② 기계를 사용하지 않으면 물 온도가 올라간다.

③ 스팀온수 보일러는 용량이 적은 것을 사용해야 보다 안정적인 온도를 얻을 수 있다.
④ 독립형 보일러 타입보다 가격이 조금 저렴한 편이다.
⑤ 스팀과 온수 사용 시 커피추출 온도가 변하는 단점이 있다.

27. 그라인더(Grinder)에 적절한 굵기의 커피를 분쇄하여 배출레버의 움직임에 의해 일정한 양의 커피가 배출되도록 하는 동작을 무엇이라 하는가?

① 그라인딩(Grinding) ② 태핑(Tapping)
③ 팩킹(Packing) ④ 도징(Dosing)
⑤ 탬핑(Tamping)

28. 다음은 블렌딩 할 때의 설명이다. 틀린 것은?

① 맛과 향을 체크하면서 배합 비율을 조정한다.
② 유사한 맛과 향의 원두는 가급적 배합하지 않는다.
③ 되도록 많은 수의 원두를 배합하는 것이 좋다.
④ 생두의 크기, 밀도, 함수율 등을 확인해야 한다.
⑤ 각기 다른 산지의 커피를 블렌딩하는 것이 좋다.

29. 핸드 드립 추출 시 뜸들이기(불림)를 하는 이유로 가장 틀린 것은?

① 탄산가스 배출 ② 추출 전에 미리 수용성 성분 용해
③ 향과 맛 성분의 원활한 추출 ④ 물의 접촉면적 확보
⑤ 추출 온도 상승

30. 커피바리스타에게 요구되는 업무라고 보기 어려운 것은?

① 친절한 고객 서비스 ② 좋은 원두 선별요령
③ 구매 대행 ④ 재고 관리
⑤ 매장 청결 유지

31. 다음 중 에스프레소 성분이 과다 추출되는 이유로 맞지 않는 것은?

① 커피양이 기준보다 적다. ② 분쇄도가 너무 가늘다.
③ 추출수 온도가 너무 높다. ④ 머신의 압력이 너무 낮다.
⑤ 추출수 통과 속도가 느리다.

Coffee Baristar

32. 다음은 드립 포트에 관한 설명이다. 틀린 것은?

① 주둥이를 통상 학구(鶴口)라고 한다.
② 배출구는 S자형보다 직선형이 좋다.
③ 배출구가 가늘수록 물의 힘은 약해진다.
④ 사용 후 뒤집어 보관하는 것이 좋다.
⑤ 다양한 재질의 포트가 존재한다.

33. 로스팅 시 생두에 일어나는 변화와 가장 관계가 적은 것은?

① 부피 변화
② 무게 변화
③ 색상 변화
④ 점도 변화
⑤ 수분 변화

34. 다음 중 더치 커피(Dutch Coffee)에 대한 설명으로 가장 알맞은 것은?

① 찬물로 추출하여 만드는 커피이다.
② 인도인들에 의해 개발된 방법이다.
③ 포르투갈 상인들에 의해서 더치 기구가 알려졌다.
④ 뜨거운 물로 추출한 것보다 향미가 많이 증발된다.
⑤ 찬물로 추출하기 때문에 카페인 성분은 전혀 추출되지 않는다.

35. '왕족의 커피'라는 뜻을 가지며 로맨틱한 감정에 들게 하는 카페로열 제조 시 들어가는 재료로 알맞은 것은?

① 브랜디(Brandy)
② 아이리시 위스키(Irish Whisky)
③ 럼(Rum)
④ 위스키(Whisky)
⑤ 데킬라(Tequlia)

36. 다음 중 향미에 대한 표현으로 바르지 못한 것은?

① 나무 냄새(Woody)-목재, 참나무통, 죽은 나무, 마분지와 비슷한 커피 향기
② 견과류 냄새(Nutty)-볶지 않은 땅콩, 도토리, 밤 등 견과류 냄새
③ 와인 향(Winey)-와인을 마실 때 경험하는 향기 맛에 대한 느낌이 드는 커피를 표현
④ 흙내(Earthy)-신선한 흙, 축축한 땅, 부식토의 냄새가 나는 커피를 표현
⑤ 캐러멜 향(Caramel)-구운 빵에서 나는 냄새, 맥아 냄새 등과 비슷한 향기

37. 에스프레소 머신을 이용하여 우유 거품을 만드는 방법으로 바르지 않은 것은?

① 차가운 우유를 사용하는 것이 거품을 형성하기 용이하다.
② 우유의 온도가 70℃ 이상으로 너무 올라가지 않도록 주의한다.

③ 스팀노즐을 깊게 담가 공기의 유입을 차단하는 것이 고운거품을 낼 수 있다.
④ 거품이 형성되면 피처를 이동, 우유를 회전시켜 혼합하여야 고운 거품을 만들 수 있다.
⑤ 큰 거품이 보이는 경우 사라지도록 이동하여 우유와 거품을 혼합시킨다.

38. 배전(로스팅) 후 원두의 물리적 변화에 대한 설명 중 옳은 것은?

① 명도값의 증가 ② 부피의 증가
③ 수분 함량의 증가 ④ 휘발성분의 증가
⑤ 무게의 증가

39. 커피의 향미평가에 관한 용어 중 Dry-Aroma의 의미를 바르게 설명한 것은?

① 거칠고 조화롭지 못한 맛과 향기를 의미한다.
② 흙냄새, 텁텁하고 시큼한 맛, 곰팡이 냄새 등 불쾌한 맛과 향기를 의미한다.
③ 특별히 어떤 맛과 향기도 없는 밋밋하고도 약한 맛과 향을 의미한다.
④ 로스팅된 원두로부터 기체상태로 발산되는 향기를 의미한다.
⑤ 수확하여 가공이 완료된 생두에서 맡을 수 있는 향기를 의미한다.

40. 커핑 시 후각평가 항목으로 가장 바르지 않은 것은?

① 원두의 향 ② 분쇄커피의 향
③ 입 속에 퍼지는 커피 향 ④ 추출된 커피의 향
⑤ 커피의 바디감

41. 다음 중 배전과 맛의 변화를 적절히 설명한 것은?

① 약배전일수록 단맛이 강하다. ② 강배전일수록 신맛이 강하다.
③ 강배전일수록 쓴맛이 강하다. ④ 약배전일수록 탄맛이 강하다.
⑤ 강배전일수록 단맛이 강하다.

42. 다음 중 커피추출에 대한 정의를 가장 명확하게 설명한 것은?

① 뜨거운 물을 통과시켜 양질의 성분을 얻는 것.
② 커피의 모든 성분을 최대한 많이 뽑아내는 것.
③ 적은 양의 커피가루로 많은 양의 커피를 뽑아내는 것.
④ 많은 양의 커피가루를 사용하여 소량의 진액만을 뽑아내는 것.
⑤ 향을 최대한 많이 뽑아내는 것.

Coffee Baristar

43. 60초 이상으로 30㎖ 에스프레소를 추출했을 때의 일반적인 특징이다. 다음 중 가장 알맞은 것은?

① 얇은 층의 크레마와 큰 거품 형성
② 얇은 층의 크레마와 검은 띠의 형성
③ 강한 단맛
④ 검은색에 가까운 크레마와 하얀 점
⑤ 얇은 층의 크레마와 하얀 층

44. 다음은 배전(로스팅)의 과정 중 어느 것에 관한 설명인가?

> 시티, 아메리칸, 레귤러, 아침 식사용 로스트라 불린다. 다목적이며 미국 사람들이 특히 좋아하며 아침 식사용 또는 우유와 설탕을 넣어 마시는 일반적인 커피에 좋다.

① 다크 로스트(Dark Roast)
② 미디엄 로스트(Medium Roast)
③ 시나몬 로스트(Cinnamon Roast)
④ 라이트 로스트(Light Roast)
⑤ 하이 로스트(High Roast)

45. 사람을 소개할 때의 예절이다. 틀린 것은?

① 소개할 사람들 사이에 위치한다.
② 여성을 남성에게 먼저 소개한다.
③ 자기와 가까운 사람을 먼저 소개한다.
④ 손아랫사람을 손윗사람에게 먼저 소개한다.
⑤ 지위가 있는 경우 지위가 높은 사람에게 소개한다.

46. 고객의 분실물 신고 접수 시 기록하는 사항이 아닌 것은?

① 분실물 종류
② 분실 일시
③ 분실 장소
④ 보관 담당자
⑤ 분실자 성별

47. 고객의 불평처리에 관한 내용이다. 틀린 것은?

① 항상 긍정적 자세로 불평 원인을 파악해야 한다.
② 동일한 불평이 반복되지 않도록 조치해야 한다.
③ 서비스만 완벽하면 불평이 생길 수 없다.
④ 만족할 만한 불평처리는 매장의 신뢰감을 높일 수 있다.
⑤ 사적인 감정표현은 피해야 한다.

48. 매장에서 유니폼을 입는 경우에 관한 설명이다. 틀린 것은?

① 깨끗하고 정해진 것을 착용한다.
② 명찰이 있다면 정해진 위치에 착용한다.
③ 포켓에 불필요한 것들을 넣지 않는다.
④ 와이셔츠 옷자락이 바지 밖으로 나오게 입는다.
⑤ 다림질하여 단정한 느낌을 주도록 한다.

49. 고객과의 대화 시 말하는 방법이다. 틀린 것은?

① 가능한 한 영어를 많이 사용한다.
② 밝고 명랑한 표정으로 말한다.
③ 말할 때 시선은 고객의 미간을 향한다.
④ 발음은 정확하고 명료하게 한다.
⑤ 항상 웃음을 잃지 않는다.

50. 다음은 매장의 안전관리에 대한 내용이다. 틀린 것은?

① 자격 있는 점검자의 점검을 받는다.
② 모든 사고를 기록화 한다.
③ 안전장비를 충분히 구비한다.
④ 안전을 위협하는 요인들을 제거한다.
⑤ 출입구, 복도는 되도록 어둡게 한다.

51. 다음 중 융드립에 가까운 감칠맛이 나는 커피를 얻기 위한 목적으로 개발 된 드립퍼는 무엇인가?

① 멜리타 드립퍼　　　　② 고노 드립퍼
③ 하리오 드립퍼　　　　④ 칼리타 드립퍼
⑤ 쇼트 드립퍼

52. 다음 중 라떼아트의 설명으로 맞지 않은 것은?

① 대부분 에스프레소와 우유 두 가지 재료만으로 만든다.
② 다른 말로 디자인 카푸치노 또는 커피 디자인 등으로 표현된다.
③ 라떼는 이탈리아어로 우유를 뜻한다.
④ 벨벳밀크는 스티밍 밀크의 미국식 표현이다.
⑤ 스팀밀크의 질에 따라 맛과 모양의 차이가 많다.

Coffee Baristar

53. 우리가 마시는 한 잔의 커피가 되기까지의 일반적인 과정으로 옳은 것은?

① 로스팅→체리→생두가공→그라인딩
② 체리→로스팅→그라인딩→생두가공
③ 체리→생두가공→로스팅→그라인딩
④ 그라인딩→생두가공→체리→로스팅
⑤ 생두가공→체리→로스팅→그라인딩

54. 다음 중 핸드드립 추출방법으로 알맞은 것은?

① 여과추출법
② 달임추출법
③ 가압추출법
④ 우려내기추출법
⑤ 진공추출법

55. 다음 중 고객 테이블 정리시 고려 사항이 아닌 것은 무엇인가?

① 고객이 일어나기 전에 미리 정리한다.
② 신속하게 정리한다.
③ 소리가 나지 않게 정리한다.
④ 청결하게 정리한다.
⑤ 다른 고객에게 방해가 되지 않도록 정리한다.

56. 커피전문점 관리에 있어서 바람직하지 못한 것은?

① 연령, 소득 등 인구통계학 특성에 따라 목표 고객을 분석한다.
② 영업 시간대별 매출분석을 통해 미리 예측한다.
③ 업장 규모는 가급적 크게 구성한다.
④ 경쟁업체 분석을 수시로 점검한다.
⑤ 단골 고객일 경우에는 이름이나 직함을 불러 줌으로써 친밀감을 갖도록 한다.

57. 영업 준비를 위해 커피기계 점검 시 커피바리스타가 고려해야 할 사항으로 가장 보기 어려운 것은?

① 추출 온도
② 스팀 압력
③ 에스프레소 맛 테스트
④ 추출 압력
⑤ 소비 전력

58. 식기, 기구의 소독에 이용되는 '자외선 살균' 소독법에 대한 설명이다. 맞는 것은?

① 자외선은 물질의 표면과 내면을 투과한다.
② 살균력은 균의 종류에 상관없이 동일하다.
③ 화학적 부작용이 없다.

④ 살균력이 가장 강한 3,500 자외선을 이용한 살균이다.
⑤ 자외선 온도는 100℃가 넘어야 한다.

59. 커피의 맛과 그 원인 성분으로 틀린 것은?

① 떫은 맛–단백질
② 신맛–지방산
③ 쓴맛–카페인
④ 단맛–당질
⑤ 바디감–지질과 유기아미노산

60. 수동 그라인더에는 존재하고 자동 그라인더에는 없는 부품은?

① 호퍼
② 호퍼 게이트
③ 도저 레버
④ 입자 조절 레버
⑤ 전원

61. 생두 가공 방식 중 습식법에 대한 설명으로 틀린 것은?

① 품질이 우수하고 균일하다.
② 환경오염 문제가 생길 수 있다.
③ 대부분 아라비카 생산국이 이용한다.
④ 생산 단가가 상대적으로 낮다.
⑤ 대개 자동화 설비가 필요한 경우가 많다.

62. 여러 가지 기구 및 기계를 이용하여 커피 성분을 뽑아내는 과정을 일컫는 말로 맞는 것은?

① 가공
② 추출
③ 혼합
④ 분쇄
⑤ 건조

63. 다음 중 고객에게 메뉴를 추천하는 방법으로 바르지 않은 것은?

① 재고 처리를 위한 추천은 삼가 해야 한다.
② 계절별 특별 메뉴를 추천하는 것도 좋다.
③ 상황에 맞는 적절한 가격을 고려해서 추천한다.
④ 품목은 구체적으로 선정하여 추천한다.
⑤ 판매자 위주의 메뉴를 추천한다.

64. 다음은 고객으로부터 주문을 받는 방법이다. 가장 틀린 것은?

① 주문을 명확히 알아듣지 못한 경우 예의를 갖춰 다시 물어봐야 한다.
② 주문은 정확하고 알아볼 수 있게 기록하는 것이 좋다.
③ 메뉴를 설명할 때는 명료하게 한다.
④ 주문받는 자세는 고개를 약간 숙여서 받는 것이 좋다.
⑤ 메뉴에 사용된 재료, 조리방법까지를 알아야 할 필요는 없다.

65. 커피의 산패에 관한 설명이다. 가장 바르지 못한 것은?

① 커피의 산패과정은 생산, 유통, 소비의 모든 단계에 걸쳐 진행된다.
② 산패 자체를 방지하는 방법은 없다.
③ 커피의 산패를 지연시키기 위해 다양한 포장 기술도 개발되었다.
④ 커피의 산패는 유통과 소비단계 보다는 생산 단계에서 더욱 심각하게 진행된다.
⑤ 산패는 로스팅 정도, 분쇄입도에 따라 진행이 다를 수 있다.

66. 연도별 커피의 역사를 설명한 것 중 거리가 먼 것은?

① 1475년 세계 최초의 커피가게인 키바 한(Kiva Han)이 터키 이스탄불에 생겼다.
② 1555년 프랑스 파리에서 최초의 커피하우스가 열렸다.
③ 이탈리아에서 1600년 교황 클레멘스 8세가 커피는 악마의 음료가 아니라 일반 음료라고 선포했다.
④ 우리나라(한국) 최초의 커피하우스는 손탁 호텔의 '정동구락부'이다.
⑤ 1652년 런던 최초의 커피하우스를 열었다.

67. 펌프모터가 압력이 걸리지 않는 원인으로 가장 거리가 먼 것은?

① 전압이 낮은 경우
② 펌프헤드가 불량인 경우
③ 펌프모터가 불량인 경우
④ 콘덴서가 불량일 경우
⑤ 헤르츠(Hz)가 틀릴 경우

68. 다음 중 커핑(Cupping)시 물붓기를 할 때 적정 물의 온도로 알맞은 것은?

① 65~68℃
② 70~75℃
③ 85~90℃
④ 93~95℃
⑤ 96~100℃

69. 다음 중 핸드드립 중요 추출요소로 보기 어려운 것은?

① 드립기구의 청결
② 물 붓는 속도
③ 배전도(로스팅 정도)
④ 분쇄도
⑤ 추출수의 속도

70. 다음 중 식자재 구매 관리의 절차를 가장 올바른 순서대로 연결한 것은?

> 가. 메뉴 생산에 필요한 식자재를 적절한 수량과 질, 가격 등을 고려하여 결정 한다.
> 나. 시장 조사를 바탕으로 품목별로 구매 여부를 결정한다.
> 다. 필요로 하는 식자재에 대한 시장 조사를 실시한다.
> 라. 납품업자와 협상한다.
> 마. 구입한 식자재들에 대한 효용 및 경제성을 평가한다.

① 가→나→다→라→마
② 가→나→라→다→마
③ 가→다→나→라→마
④ 가→다→라→나→마
⑤ 가→나→다→마→라

71. 현재 (사)한국커피바리스타협회 커피바리스타 1급 실기시험에서 요구하는 조리메뉴가 아닌 것은?

① 핸드드립 커피
② 카푸치노 하트
③ 라떼마끼아또
④ 카푸치노 나뭇잎
⑤ 카페라떼

72. 다음 중 가스(gas) 사고 원인과 원인 제공자 연결이 바르지 않은 것은?

① 가스용기 교체 작업 미숙 – 가스 사용자
② 고압가스 운반 기준 미 이행 – 가스 공급자
③ 실내 환기 불량 – 가스 사용자
④ 배관내 공기 치환작업 미숙 – 가스 공급자
⑤ 성냥불 사용 – 가스 사용자

73. 다음 중 에스프레소 머신의 부품이 아닌 것은?

① 포타필터
② 호퍼
③ 그룹헤드
④ 드립 트레이
⑤ 스팀밸브

74. 다음 중 '카페 콘판나'에 대한 설명으로 틀린 것은?

① '크림 커피'라는 뜻이 있다.
② (사)한국커피바리스타협회의 '커피마스터' 실기시험 제공 메뉴이다.
③ 에스프레소 위에 휘핑크림을 얹어 조리한다.
④ 용량이 큰 머그컵에 조리하여 제공해야 한다.
⑤ 커피 메뉴 중 단맛이 강한 편에 속한다.

Coffee Baristar

75. 다음은 생두의 기계수확에 대한 설명이다. 틀린 것은?

① 노동력이 부족한 지역에서 사용하는 방법이다.
② 커피나무가 손상되지 않게 수확하는 최적의 방법이다.
③ 대량의 수확물을 처리하기 위한 시설이 필요하다.
④ 고가의 기계 구입비용이 들어간다.
⑤ 경작지가 넓고 평지인 지역에서 사용된다.

76. 우리나라 커피 역사에 대한 설명으로 틀린 것은?

① 궁중 내에서는 벼슬아치들이 즐겨 마셨다.
② 정동구락부에 커피 가격이 너무 비싸 아무나 마실 수 없었다.
③ 고종은 러시아에서 덕수궁으로 돌아온 후 다시는 커피를 찾지 않았다.
④ 독일 여자 손탁이 우리나라 최초의 커피숍을 열었다.
⑤ 1970년대에 최초의 인스턴트 커피를 생산했다.

77. 우유 스티밍 시 지방구와 기포층에 대한 설명으로 가장 알맞은 것은?

① 기포층이 없고 지방구의 크기가 서로 다를 때 스팀을 잘한 것이다.
② 기포층이 있고 지방구의 크기가 균일할 때 스팀을 잘한 것이다.
③ 기포층이 있고 지방구의 크기가 서로 다를 때 스팀을 잘한 것이다.
④ 기포층이 없고 지방구의 크기가 균일할 때 스팀을 잘한 것이다.
⑤ 기포층이 없고 지방구도 전혀 없을 때 스팀을 잘한 것이다.

78. 스티밍 시 우유거품이 만들어지는 과정에 필요한 요소가 아닌 것은?

① 온도계
② 수증기
③ 우유 지방
④ 공기 유입
⑤ 열

79. 다음은 그라인더의 중요도에 대한 설명이다. 틀린 것은?

① 커피머신과 더불어 에스프레소 추출의 매우 중요한 부분을 차지한다.
② 에스프레소 추출 시 분쇄도를 결정한다.
③ 그라인더 운용 능력이 맛의 변화에 중요한 역할을 한다.
④ 그라인더는 에스프레소 추출시간과는 무관함을 알아야 한다.
⑤ 에스프레소는 그라인더에서 가장 많은 변화가 일어난다는 말도 있다.

80. 다음 중 커피 추출과 관계가 없는 것은?

① 수동형 주서기
② 드립퍼
③ 사이폰
④ 프렌치 프레스
⑤ 모카포트

정 답

1	①	2	③	3	④	4	②	5	③
6	⑤	7	④	8	③	9	①	10	⑤
11	⑤	12	②	13	①	14	④	15	⑤
16	③	17	③	18	②	19	④	20	④
21	①	22	③	23	⑤	24	②	25	①
26	②	27	④	28	③	29	⑤	30	③
31	①	32	②	33	④	34	①	35	①
36	⑤	37	③	38	②	39	④	40	⑤
41	③	42	①	43	④	44	②	45	②
46	⑤	47	③	48	④	49	①	50	⑤
51	②	52	④	53	③	54	①	55	①
56	③	57	⑤	58	③	59	①	60	③
61	④	62	②	63	⑤	64	⑤	65	④
66	②	67	⑤	68	④	69	①	70	③
71	⑤	72	①	73	②	74	④	75	②
76	③	77	②	78	①	79	④	80	①

커피 바리스타 1, 2급 통합문제 제2회

1. 로부스타 종에 대한 설명이다. 틀린 것은?

　① 강인한 종자로 병충해에 강하다.
　② 아라비카 종에 비해 가격이 비싼 편이다.
　③ 인스턴트 커피로 많이 이용된다.
　④ 브라질의 코닐론은 로부스타 종이다.
　⑤ 아프리카 콩고가 원산지로 알려져 있다.

2. 커피열매 속에 씨가 둥글고 하나밖에 들어있지 않은 것을 칭하는 말은?

　① 실버스킨　　　　　　　　② 센터 컷
　③ 뉴 크롭　　　　　　　　　④ 피베리
　⑤ 파치먼트

3. 다음은 아라비카 품종의 특징이다. 틀린 것은?

　① 에티오피아가 원산지로 알려져 있다.
　② 병충해에 강하다.
　③ 일반적으로 고지대에서 재배된다.
　④ 주로 원두커피용으로 이용된다.
　⑤ 커피 생산량의 많은 부분을 차지한다.

4. 다음 중 원두커피 보관법으로 바르지 않은 것은?

　① 냉동 보관하는 것이 좋다.
　② 밀봉하여 보관하는 것이 좋다.
　③ 직사광선을 피하는 것이 좋다.
　④ 적절한 보관용기를 사용하는 것이 좋다.
　⑤ 원두 상태로 보관하는 것이 좋다.

5. 다음 중 로부스타의 원산지로 알려진 나라는?

① 에티오피아 ② 인도네시아
③ 콩고 ④ 코트디부아르
⑤ 자메이카

6. 로스팅 과정에서 발생하는 열의 성질에 속하지 않는 것은?

① 열의 전도 ② 대류
③ 냉각 ④ 열의 발산
⑤ 열의 액화

7. 고지대에서 재배된 생두의 특성에 대한 설명이다. 틀린 것은?

① 고지대 일수록 단단하다.
② 고지대 일수록 밀도가 높다.
③ 고지대 일수록 신맛이 좋지 않다.
④ 고지대 일수록 향과 플레이버가 풍부하다.
⑤ 고지대 일수록 더 진한 청록색을 띤다.

8. 다음 중 커피의 성분이 아닌 것은?

① 게르마늄 ② 카페인
③ 트리고넬린 ④ 지질
⑤ 당질

9. 다음 밑줄 친 곳에 들어갈 말로 맞는 것은?

> 고종 황제는 덕수궁 내 경치 좋은 곳에 _____ 이라는 우리나라 최초의 양관을 지었는데 이 건물에서 커피를 즐겨 마셨다.

① 소쇄원 ② 초지진
③ 진남관 ④ 정관헌
⑤ 사간원

Coffee Baristar

10. 커피의 맛을 감별하는 행위를 일컫는 말로 맞는 것은?

① 커핑
② 테스팅
③ 그라인딩
④ 블렌딩
⑤ 레벨링

11. 우리가 마시는 한 잔의 커피가 되기까지의 일반적인 과정으로 옳은 것은?

① 로스팅→체리→생두가공→그라인딩
② 체리→생두가공→로스팅→그라인딩
③ 체리→로스팅→그라인딩→생두가공
④ 그라인딩→생두가공→체리→로스팅
⑤ 생두가공→체리→로스팅→그라인딩

12. 다음 중 커피의 재배조건으로 틀린 것은?

① 배수가 좋은 화산성 토양
② 품종마다의 적정 강우량
③ 서리가 잦은 지역
④ 연평균 기온 22℃
⑤ 커피 체리의 적당한 성장기간

13. 다음 중 커피 원두의 카페인 성분을 최대한 제거하여 제조한 커피를 이르는 말로 맞는 것은?

① 더치 커피
② 드립 커피
③ 디카페인 커피
④ 믹스 커피
⑤ 베리에이션 커피

14. 커피의 산패에 관한 설명이다. 거리가 먼 것은?

① 유기물이 산화되어 지방산을 발생시키고 그로 인해 맛과 향이 변하는 현상이다.
② 커피가 공기 중의 산소와 접촉하여 산화되면서 그 맛과 향이 변질되는 것을 말한다.
③ 증발(Evaporation)-반응(Reaction)-산화(Oxidation)의 3단계 과정을 거치게 된다.
④ 산패에 영향을 미치는 것은 빛, 산소, 습도가 가장 치명적이다.
⑤ 커피가 변질되는 것으로 부패와 같은 개념이다.

15. 커피 생두의 평가 기준 중 틀린 것은?

① 결점두수가 적은 커피가 좋은 커피이다.
② 일반적으로 뉴크롭(New Crop)일수록 우수하게 평가된다.
③ 일반적으로 고지대에서 생산된 커피가 저지대 에서 생산된 커피보다 우수하다.
④ 일반적으로 청록색일수록 좋다.
⑤ 커피 생두의 크기만 크면 품질이 우수하다고 평가된다.

16. 커피 생산에 크게 영향을 미치는 기후 요소에 속하는 요인은 무엇인가?

| 가. 온도 | 나. 강우 | 다. 토양 |
| 라. 구름형태 | 마. 수질 | 바. 품종 |

① 가, 나, 다
② 가, 나, 라
③ 가, 라, 마
④ 나, 다, 바
⑤ 다, 라, 바

17. 커피의 신선도에 영향을 주는 성분으로 묶인 것은?

① 산소-부피
② 부피-습도
③ 습도-압력
④ 산소-습도
⑤ 온도-압력

18. 다음에서 설명하는 커피문화를 가진 국가는?

- 차(茶)에 세금을 부과한 타운젠트 법안이 통과되면서 커피를 마시기 시작
- 하루 4천5백만 잔의 커피를 마시는 대량 소비국

① 미국
② 영국
③ 이탈리아
④ 브라질
⑤ 프랑스

19. 커피를 구성하는 지방산 중에서 가장 많이 함유되어 있는 지방산은?

① 올레산
② 스테아린산
③ 팔미트산
④ 미리스트산
⑤ 클로로겐산

20. 디카페인 공정 중 '물 추출법'의 장점이 아닌 것은?

① 수증기 증류에 의해 용매를 제거하지 않아 경제적이다.
② 카페인의 100%가 제거되는 공법이다.
③ 추출속도가 빠르기 때문에 카페인 순도가 높다.
④ 유기용매가 직접 생두에 접촉하지 않아 안전하다.
⑤ 초임계추출법보다는 설비가 저렴하다.

21. 다음 중 커피 종자를 개량하는 목적으로 바르지 않은 것으로 묶인 것은?

> 가. 키가 큰 커피나무를 개발하기 위한 목적
> 나. 병충해에 강한 품종을 개발하기 위한 목적
> 다. 소규모 경작을 쉽게 하기 위한 목적
> 라. 단위 면적당 많은 생산량을 얻기 위한 목적

① 가, 나   ② 나, 다
③ 다, 라   ④ 가, 다
⑤ 나, 라

22. 커피열매의 가공법 중 건식법에 관한 설명으로 틀린 것은?

① 건식법으로 생산된 커피는 내츄럴 커피(Natural Coffee)라 한다.
② 물이 부족하고 햇볕이 좋은 지역에서 주로 이용하는 전통적인 방법이다.
③ 커피 열매를 수확한 후, 펄프를 제거하여 그대로 건조시킨다.
④ 작업이 단순하여 노동력과 비용절감 등의 장점이 있다.
⑤ 생산단가가 싸고 친환경적이다.

23. 다음 중 예멘을 대표하는 커피가 아닌 것은?

① 사나니(Sanani)   ② 마타리(Mattari)
③ 이스마일리(Ismaili)   ④ 히라지(Hirazi)
⑤ 리무(Limmu)

24. 우리나라에서 기록상 커피를 가장 먼저 마신 사람은 누구인가?

① 고종황제   ② 시인 이상
③ 박영효   ④ 김홍집
⑤ 유길준

25. 생두 또는 분말형태의 볶은 커피를 포장하는데 별도의 장치를 사용하지 않고도 백(Bag)의 실링(Sealing) 부분을 통해 가스를 배출할 수 있는 경제적인 시스템 포장은?

① 원웨이 포장　　② 질소포장
③ 진공포장　　④ 밸브포장
⑤ 지퍼팩 포장

26. 다음 중 일반적으로 9bar의 압력을 이용하여 커피를 추출하는 방식으로 옳은 것은?

① 핸드드립에 의한 추출　　② 커피 머신에 의한 추출
③ 모카포트에 의한 추출　　④ 사이폰에 의한 추출
⑤ 프렌치프레스에 의한 추출

27. 다음 중 생두를 배전(로스팅)함으로써 가장 현저하게 감소되는 물질은 무엇인가?

① 폴리페놀　　② 카페인
③ 지질　　④ 섬유소
⑤ 당질

28. 물리적/화학적 방법을 통해 물을 깨끗하게 하는 기구로 맞는 것은?

① 정수기　　② 온수기
③ 연수기　　④ 스팀기
⑤ 휘핑기

29. 다음은 그라인더에 관한 설명이다. 틀린 것은?

① 에스프레소 결과물에 지대한 영향을 미친다.
② 에스프레소 품질에서 흔히 그라인더의 비중을 간과하는 경우가 많다.
③ 그라인더는 제조사마다 조금씩 운용의 차이가 있다.
④ 그라인더 분쇄도 조정까지를 바리스타가 습득할 필요는 없다.
⑤ 그라인더는 주기적으로 청소해 줘야 한다.

30. 추출 기구의 역사를 시간대별로 맞게 표시한 것은?

① 드립 방식→이브릭→베큠 포트→커피 머신　　② 이브릭→드립 방식→베큠 포트→커피 머신
③ 베큠 포트→이브릭→드립 방식→커피 머신　　④ 이브릭→베큠 포트→드립 방식→커피 머신
⑤ 커피머신→이브릭→베큠 포트→드립 방식

Coffee Baristar

31. 다음 중 그라인더 날(Burr)의 종류로만 묶인 것은?

a. 플랫 버(Flat Burr)	b. 플래시 버(Flash Burr)
c. 드릴 버(Drill Burr)	d. 코니컬 버(Conical Burr)

① a-b
② b-c
③ a-d
④ c-d
⑤ b-d

32. 다음 커피 머신 부품 중 공급되는 수압이 일정수치 이상으로 높아지면 작동되는 장치로 맞는 것은?

① 스팀 밸브
② 온수 전자밸브
③ 과수압 방지밸브
④ 펌프 모터
⑤ 스팀 노즐

33. 독립형과 일체형이 있고 외부로부터 유입된 물을 데우는 역할을 하는 부품으로 맞는 것은?

① 보일러
② 히터
③ 플로 메터
④ 수위 감지봉
⑤ 솔레노이드 밸브

34. 추출을 위한 도구 중 탬퍼에 대한 설명이다. 다음 중 알맞은 것은?

① 라떼아트를 위한 길고 뾰족한 도구
② 포타필터에 커피를 담아 눌러줄 때 사용하는 도구
③ 회전하는 2개의 날로 이루어진 도구
④ 휘핑크림을 채워 맛과 장식을 하는 도구
⑤ 물을 항시 뜨겁게 하여 채워두는 도구

35. 다음 중 플로메터(Flow Meter)에 관한 설명으로 가장 거리가 먼 것은?

① 에스프레소 추출 시 물량을 감지한다.
② 이상 증세가 보일 경우 물이 흘러가는 곳이기 때문에 안전을 위해 전문 기술자에게 알려 수리한다.
③ 에스프레소가 잘 추출되지만 물량이 조절이 되지 않고 추출 램프가 점멸하는 경우 이상이 생긴 것이다.
④ 추출 물량이 계속 변하는 경우 교체해야 한다.
⑤ 파손 시 추출 버튼이 눌러지지 않는다.

36. 그룹 헤드(Group Head)에 관한 설명 중 거리가 먼 것은?
① 포타필터를 고정하는 역할을 한다.
② 항상 예열이 되어 있어야 한다.
③ 크롬으로 도금이 되어 있다.
④ 두께는 온도유지를 위해 두꺼워야 한다.
⑤ 재질은 스테인리스다.

37. 에스프레소 기계의 증기압력을 만드는 부품은?
① 급수펌프
② 압력 게이지
③ 분사필터
④ 보일러
⑤ 포타필터

38. 그라인더를 자주 사용하는 경우 HOPPER(원두 통)의 청소 주기로 가장 적합한가?
① 매일 한 번 이상
② 일주일에 한 번 정도
③ 2주일에 한 번 정도
④ 한 달에 한 번 정도
⑤ 분기에 한 번 정도

39. 일반적인 우유 스티밍 온도로 적절한 것은?
① 45℃~50℃
② 55℃~60℃
③ 65℃~70℃
④ 75℃~80℃
⑤ 85℃~90℃

40. 다음은 크레마(Crema)에 대한 설명이다. 틀린 것은?
① 단열층 역할을 하여 커피가 식는 것을 막는 효과가 있다.
② 커피 향이 함유된 지방 성분이 많다.
③ 일반적으로 황금색이나 갈색이다.
④ 분쇄도 등의 조건이 변해도 크레마 품질은 일정하다.
⑤ 에스프레소의 백미로 통한다.

41. 다음 메뉴 중 우유가 들어가지 않은 것은?
① 카푸치노
② 플랫 화이트
③ 카페 라떼
④ 라떼 마끼아또
⑤ 카페 콘판나

42. 입안에서 느껴지는 커피의 질감, 무게감 등을 흔히 일컫는 말로 맞는 것은?

① Overall
② Body
③ Winey
④ Ashy
⑤ Defects

43. 포타필터에 담겨진 분쇄 커피를 일정한 힘으로 눌러 다져주는 동작으로 맞는 것은?

① 태핑
② 에칭
③ 탬핑
④ 레벨링
⑤ 쉐이킹

44. 다음 중 좋은 에스프레소를 위한 조건에 해당하지 않는 것은?

① 커피와 물의 적정비율
② 추출시간에 따른 정확한 분쇄
③ 추출기구의 선택과 적절한 조작
④ 적정한 추출 압력
⑤ 고운 거품의 스티밍 기술

45. 커피와 물에 대한 설명이다. 틀린 것은?

① 커피는 유기물이 많은 물이 좋다.
② 순수한 물 자체는 중성이다.
③ 커피 추출액의 99% 정도가 물이다.
④ 커피는 염소성분이 없는 물이 좋다.
⑤ 정수기나 연수기를 사용하는 것이 좋다.

46. 다음 중 사이폰의 구조와 관계가 없는 것은?

① 로드
② 플라스크
③ 알코올 램프 또는 버너
④ 하단 포트
⑤ 필터

47. 다음 중 커피의 배전과정에서 1차 크랙(팝핑)이 일어나는 단계에 대한 설명으로 바르지 않은 것은?

① 커피의 표면이 매끈해진다.
② 커피의 센터 컷이 탁탁 갈라지는 소리가 들린다.
③ 풋내가 가장 강하게 나타나는 시점이다.
④ 신향이 강하게 나타난다.
⑤ 커피의 색깔이 갈색에 가깝게 변한다.

48. 배전이 진행됨에 따라 색이 점차적으로 갈색으로 변화되어가는 갈변화 현상과 가장 관련이 없는 성분은?

① 아미노산
② 케톤
③ 자당
④ 단백질
⑤ 클로로겐산

49. 다음은 추출의 방법 중 하나를 설명한 것이다. 가장 알맞은 것은?

> 뜨거운 물과 커피 추출액이 반복하여 커피 층을 통과하면서 가용 성분을 추출한다.

① 반복여과추출법
② 진공추출법
③ 달임추출법
④ 가압추출법
⑤ 우려내기추출법

50. 커피를 추출하기 위해 분쇄작업을 하는 이유로 옳은 것은?

① 짧은 시간에 효율적인 서비스를 제공하기 위해
② 커피의 화학적 성분을 분쇄하기 위해
③ 커피원가의 절감을 위해
④ 커피바리스타의 편의성을 증대하기 위해
⑤ 물에 접촉하는 커피의 표면적을 확대하기 위해

51. 우유 스티밍 과정에 대한 설명 중 바르지 않은 것은?

① 메뉴에 알맞은 만큼의 우유를 사용한다.
② 우유의 최종 온도는 되도록 65~70℃를 넘지 않는다.
③ 공기유입을 최대한 많이 하기 위해 스팀피처를 가능한 큰 사이즈로 선택한다.
④ 항상 신선하고 차가운 우유를 사용해야 된다.
⑤ 우유는 냉장고(5~8℃)에 차갑게 보관한다.

52. 배합(블렌딩)에 대한 설명이다. 가장 틀린 것은?

① 생두의 성격을 잘 알아야 한다.
② 원두는 품질이 안정된 것을 사용한다.
③ 서로 맛이 다른 커피를 선택하는 것이 좋다.
④ 원두의 품질은 불규칙적으로 변화 가능성이 있는 것이 좋다.
⑤ 결점을 보충할 수 있는 원두를 선택한다.

Coffee Baristar

53. 다음 중 추출기구와 추출방법을 바르게 연결한 것은?

① 핸드드립 - 가압추출법
② 사이폰 - 진공추출법
③ 모카포트 - 여과추출법
④ 프렌치 프레스 - 달임추출법
⑤ 워터드립 - 달임추출법

54. 다음 중 에스프레소 한 잔을 추출할 때 성분 과소추출의 원인이 아닌 것은?

① 기준량보다 원두량이 적을 때
② 탬핑이 약할 때
③ 추출시간이 너무 짧을 때
④ 분쇄 입자가 클 때
⑤ 분쇄 입자가 매우 작을 때

55. 에스프레소 커피를 이용하여 만들어진 메뉴이다. 이때 데미타세잔에 제공될 수 없는 커피메뉴는 무엇인가?

① 라떼 마키아또
② 카페 마키아또
③ 리스트레또
④ 카페 콘파냐
⑤ 룽고

56. 다음 중 커핑시 평가 항목으로 볼 수 없는 것은?

① 후각
② 시각
③ 청각
④ 촉각
⑤ 미각

57. 메뉴의 가격을 결정할 때 고려해야 할 사항이다. 틀린 것은?

① 목표 고객의 경제적 여건을 고려한다.
② 주변 경쟁 상황을 검토한다.
③ 목표 매출액을 고려한다.
④ 재료 원가만 고려하면 된다.
⑤ 주변 상권의 소비성향을 고려한다.

58. 다음은 구매명세서를 이용할 때의 장점이다. 틀린 것은?

① 납품업자 선정에 유리
② 경제적인 구매 가능
③ 명료한 의사소통 가능
④ 원가관리의 기초자료로 사용 가능
⑤ 거래관계 파악에 유리

59. 아래의 커피수확방법에 가장 부합하는 것은?

> • 노동력이 부족하거나 임금이 비싼 지역에서 주로 이용한다.
> • 브라질에서 처음 개발되어 사용되어지고 있는 수확법이다.
> • 수확물을 선별하는 별도의 처리시설이 필요 하다.
> • 제약조건으로 인해 가능한 지역이 한정되어 있다.

① 핸드피킹(Hand Picking)
② 스트립핑(Stripping)
③ 세미-핸드피킹(Semi-hand Picking)
④ 자연수확(Natural Picking)
⑤ 기계수확(Mechanical Picking)

60. 자격을 갖춘 특정인과 경쟁 없이 체결하는 계약 방식은?
① 경쟁입찰 방식　　　　　② 수의계약 방식
③ 단가계약 방식　　　　　④ 명세계약 방식
⑤ 자유계약 방식

61. 다음은 주방의 안전관리 내용으로 맞지 않는 것은?
① 가스밸브는 사용 후 꼭 확인한다.
② 오븐이 있는 경우 온도를 확인한다.
③ 개인 복장은 깨끗하고 단정히 입는다.
④ 물이 있을 때 전기장비는 손대지 않는다.
⑤ 각종 안전장치의 작동 여부를 점검한다.

62. 다음 중 일반적으로 식재료를 '냉장 저장한다'라는 의미는?
① 1℃ 이하로 저장　　　　② 5℃ 이하로 저장
③ 10℃ 이하로 저장　　　　④ 15℃ 이하로 저장
⑤ 20℃ 이하로 저장

63. 다음 중 핸드드립 추출방법 중 여과법의 제왕으로 불리는 것은?
① 융 드립　　　　　　　　② 페이퍼 드립
③ 워터 드립　　　　　　　④ 우려내기 드립
⑤ 동전 드립

64. 생두 가공 방식 중 습식법에 대한 설명으로 틀린 것은?

① 품질이 우수하고 균일하다.
② 환경오염 문제가 생길 수 있다.
③ 대부분 아라비카 생산국이 이용한다.
④ 생산 단가가 상대적으로 낮다.
⑤ 대개 자동화 설비가 필요한 경우가 많다.

65. 다음 중 라떼아트 시 날카로운 도구를 사용하여 음료 표면에 그림을 그리는 방법을 무엇이라 하는가?

① 푸어링　　　　　　　　　　② 드리즐
③ 마끼아또　　　　　　　　　 ④ 핸들링
⑤ 에칭

66. 식음료 취급 시 주의사항으로 가장 거리가 먼 것은?

① 모든 기구는 깨끗하게 하여 적어도 바닥에서 5㎝ 이상 떨어진 청결한 장소에 보관한다.
② 차가운 음료와 음식은 4℃ 또는 더 낮게 보관한다.
③ 뜨거운 음료와 음식은 80℃ 또는 더 높게 보관한다.
④ 에스프레소 머신의 스팀노즐을 닦는 행주로 작업대를 닦지 않는다.
⑤ 선입선출 규칙을 지키도록 한다.

67. 다음 중 저장관리의 일반원칙으로 가장 보기 어려운 것은?

① 분류저장의 원칙　　　　　　② 관리자 표시의 원칙
③ 선입, 선출(FIFO)의 원칙　　④ 품질보존의 원칙
⑤ 공간 활용의 원칙

68. 식자재 관리를 잘 운영하면 나타날 수 있는 효과로 볼 수 없는 것은?

① 재고관리에 관심을 갖게 되며 보관관리가 향상된다.
② 원가절감 의식이 생겨난다.
③ 목표달성을 위한 협조정신으로 능률이 향상된다.
④ 인기메뉴와 판매가 부진한 메뉴가 구별되어 고객의 기호도를 파악할 수 있다.
⑤ 영업실적이 현저하게 증가함이 나타난다.

69. 다음 중 고객을 맞이하기 위한 대기 상태에서의 커피바리스타 행동으로 가장 바람직한 것은?

① 표정은 미소 없이 강건하게 대기한다.
② 뒷짐을 지고 대기한다.
③ 사적인 얘기를 하며 대기한다.
④ 두 손을 모으고 허리를 편 자세로 손님을 향해 서 있는다.
⑤ 의자에 앉아서 대기한다.

70. 다음 핸드 피킹(Hand Picking)에 대한 설명 중 틀린 것은?

① 대부분 건식가공 국가에서 사용한다.
② 커피 품질이 우수하다.
③ 비용이 많이 든다.
④ 손으로 일일이 수확한다는 의미이다.
⑤ 단위 시간당 수확량이 적은 편이다.

71. 매장 내 일회용컵 사용금지 위반 시 부과될 수 있는 과태료 금액이 아닌 것은?

① 5만원　　　　　　　　　② 30만원
③ 50만원　　　　　　　　 ④ 200만원
⑤ 400만원

72. 우유 스티밍 시 지방구와 기포층에 대한 설명으로 가장 알맞은 것은?

① 기포층이 없고 지방구의 크기가 서로 다를 때 스팀을 잘한 것이다.
② 기포층이 있고 지방구의 크기가 균일할 때 스팀을 잘한 것이다.
③ 기포층이 있고 지방구의 크기가 서로 다를 때 스팀을 잘한 것이다.
④ 기포층이 없고 지방구의 크기가 균일할 때 스팀을 잘한 것이다.
⑤ 기포층이 없고 지방구도 전혀 없을 때 스팀을 잘한 것이다.

73. 다음 중 커피음료와 관계가 가장 깊은 법령으로 맞는 것은?

① 공사채 등록법
② 경제교육 지원법
③ 식품위생법
④ 독점규제 및 공정거래에 관한 법률
⑤ 건축서비스산업 진흥법

74. 우유, 초콜릿, 휘핑크림 등의 부재료를 혼합하여 만드는 커피음료의 총칭으로 맞는 것은?

① 베리에이션 메뉴 ② 스티밍 커피메뉴
③ 에스프레소 메뉴 ④ 라떼아트 메뉴
⑤ 메카니컬 메뉴

75. 다음 중 커피하우스의 역사에 관한 내용으로 틀린 것은?

① 1645년경 유럽에 커피하우스가 처음 생겼다.
② 게오르그 콜스치스키라는 군인이 1687년경 비엔나에 커피하우스를 열었다.
③ 영국에서는 옥스퍼드에 에닌젤이라는 이름의 커피하우스가 열렸다.
④ 역사상 프랑스 카페의 번창속도가 영국 커피하우스보다 훨씬 빨랐다.
⑤ 프랑스에 커피하우스를 보급하는데 공헌한 왕은 루이 14세이다.

76. 다음 그라인더 부품 중 콘덴서에 관한 내용으로 틀린 것은?

① 배터리와 비슷하게 일정량의 전기를 머금고 있다.
② 그라인더 모터를 구동시키는 역할을 한다.
③ 처음 스위치를 켜는 순간 작동하고 나머지는 충전 대기한다.
④ 콘덴서가 고장인 경우 전문가 점검을 받는 것이 바람직하다.
⑤ 커피는 분쇄되지 않고 '웅' 소리만 들려온다면 콘덴서보다는 모터 불량이다.

77. 맛이 훌륭한 커피를 만드는 일반적 요소라고 보기 어려운 것은?

① 생두의 품질 ② 최신 기종의 머신
③ 추출 기술   ④ 블렌딩 기술
⑤ 로스팅 기술

78. 묘목에서 이식된 커피나무가 상품화 가능한 성숙된 열매로 열리기까지 걸리는 기간으로 맞은 것은?

① 4~5년 이상 ② 10년 이상
③ 15년 이상   ④ 20년 이상
⑤ 25년 이상

79. 다음은 로스팅(Roasting)에 대한 일반적 설명이다. 틀린 것은?

① 커피의 향과 맛을 내는 가장 중요한 과정이라 할 수 있다.
② 생두의 특성을 잘 이해하고 있을 때 좋은 결과물을 얻을 수 있다.
③ 과정을 그래프화(Roast Log)하여 자료보관 하는 것도 바람직하다.
④ 생두 못지않게 로스팅 머신을 이해하는 것 역시 매우 중요하다.
⑤ 생두마다 로스팅 포인트가 거의 일치한다는 점을 알고 있어야 한다.

80. 커피 촉각(Coffee Mouthfeel, 입안느낌)을 지방 함량에 따라 표현하는 방법에 속하지 않는 것은?

① Buttery
② Watery
③ Heavy
④ Smooth
⑤ Creamy

정 답

1	②	2	④	3	②	4	①	5	③
6	⑤	7	③	8	①	9	④	10	①
11	②	12	③	13	③	14	⑤	15	⑤
16	①	17	④	18	①	19	③	20	②
21	④	22	③	23	⑤	24	①	25	①
26	②	27	⑤	28	①	29	④	30	②
31	③	32	③	33	①	34	②	35	⑤
36	⑤	37	④	38	①	39	③	40	④
41	⑤	42	②	43	③	44	⑤	45	①
46	④	47	③	48	②	49	①	50	⑤
51	③	52	④	53	②	54	⑤	55	①
56	③	57	④	58	①	59	⑤	60	②
61	③	62	②	63	①	64	④	65	⑤
66	③	67	②	68	⑤	69	④	70	①
71	⑤	72	②	73	③	74	①	75	④
76	⑤	77	②	78	①	79	⑤	80	③

커피 바리스타 1, 2급 통합문제 제3회

1. 커피체리를 수확하는 방법 중 Stripping(스트리핑)에 대한 설명 중 틀린 것은?

① Hand Picking 방법에 비해 인건비 부담이 적다.
② Hand Picking 방법보다 수확시간을 단축할 수 있다.
③ 기계를 이용한 방식보다 생산성이 떨어진다.
④ 잘 익은 체리만을 선택적으로 수확하는 방법이다.
⑤ 덜 익은 열매와 너무 지나치게 익은 열매를 한꺼번에 수확함에 따라 품질이 좋지 않다.

2. 다음 설명에 적합한 커피에 관한 기원설로 맞는 것은?

> 어느 날 양치기 소년은 염소들이 빨간 열매를 먹고 흥분하여 날뛰는 모습을 보고 자신도 그 열매를 먹어보니 기분이 상쾌해짐을 느낄 수 있었다.

① 오마르의 전설　　　　　② 윌리엄 기원설
③ 칼디의 전설　　　　　　④ 아비세나 발견설
⑤ 바이츠제커 기원설

3. '커피의 원산지'라는 자부심을 가지고 있으며 커피를 단지 음료가 아닌 전통문화로까지 계승 하고 있는 나라는?

① 콩고　　　　　　　　　② 예멘
③ 터키　　　　　　　　　④ 네덜란드
⑤ 에티오피아

4. 핸드 드립 추출 시 뜸들이기(불림)를 하는 이유로 가장 틀린 것은?

① 탄산가스 배출　　　　　② 추출 온도 상승
③ 물의 접촉면적 확보　　　④ 향과 맛 성분의 원활한 추출
⑤ 추출 전에 미리 수용성 성분 용해

5. 식음료 재료의 저장관리 중 가장 오래된 재료들을 우선적으로 사용하는 방법을 무엇이라 하는가?
① 최종 취득원가법(LPPM)   ② 후입선출법(LIFO)
③ 선입선출법(FIFO)   ④ 개별법(SIM)
⑤ 평균원가법

6. 다음 중 식자재 구매계획 수립 시 고려사항이 아닌 것은?
① 출하 시기   ② 품목 배열
③ 적정 가격   ④ 유통 기구
⑤ 식품 규격

7. 커피기계 종류의 장단점을 설명한 것 중 바르지 않은 것은?
① 반자동 에스프레소 머신 – 그라인더와 커피 기계가 분리되어 있어 원두가 열의 영향을 적게 받아 양질의 커피추출이 가능하다.
② 반자동 에스프레소 머신 – 바리스타의 능력에 따라 다양한 에스프레소 커피의 맛을 추구할 수 있다.
③ 반자동 에스프레소 머신 – 장비에 대한 이해와 다루는 전문적인 기술이 필요하다.
④ 전자동 에스프레소 머신 – 사용이 빈번한 장소 에서 여러 사람이 각자 추출해도 비슷한 맛의 커피 추출이 가능하다.
⑤ 전자동 에스프레소 머신 – 디지털 기술이 적용 되어 비용이 저렴하고 잔고장이 거의 없다.

8. 고객의 불평처리에 관한 내용이다. 틀린 것은?
① 항상 긍정적 자세로 불평 원인을 파악해야 한다.
② 만족할 만한 불평처리는 매장의 신뢰감을 높일 수 있다.
③ 동일한 불평이 반복되지 않도록 조치해야 한다.
④ 서비스만 완벽하면 불평이 생길 수 없다.
⑤ 사적인 감정표현은 피해야 한다.

9. 일체형 보일러를 설명한 것 중에 가장 틀린 것은?
① 커피 보일러는 간접적으로 물이 데워진다.
② 기계를 사용하지 않으면 물 온도가 올라간다.
③ 스팀과 온수 사용 시 커피추출 온도가 변하는 단점이 있다.
④ 독립형 보일러 타입보다 가격이 조금 저렴한 편이다.
⑤ 스팀온수 보일러는 용량이 적은 것을 사용해야 보다 안정적인 온도를 얻을 수 있다.

10. 커피메뉴 중 카푸친 수도회 수도사들이 입던 옷의 색과 비슷하다는 설에 의해 이름 붙여진 것으로 맞는 것은?

① 카페 콘판나   ② 카페 로마노
③ 카페 아메리카노   ④ 카페 라떼
⑤ 카푸치노

11. 다음 중 커피의 쓴맛을 내는 성분으로 가장 보기 어려운 것은?

① 주석산   ② 카페인
③ 트리고넬린   ④ 클로로제닉산
⑤ 카페익산(Caffeiksan)

12. 다음은 Selling Up(판매 기술)에 관한 내용이다. 틀린 것은?

① 모든 메뉴가 다 좋다는 식으로 말해서는 안 된다.
② 메뉴 추천을 주저하지 말아야 한다.
③ 'No(아니요)'라는 단어를 두려워 말아야 한다.
④ Selling Up의 목적은 매출 극대화이다.
⑤ 메뉴 추천은 피상적으로 하는 것이 좋다.

13. 다음 중 캐러멜 마키아또 등 커피 표면에 소스를 뿌려 시각적인 효과를 주는 방법을 무엇이라고 하는가?

① 휘핑   ② 스티밍
③ 라떼아트   ④ 마끼아또
⑤ 드리즐

14. 커피의 성분 중 단백질에 해당되는 유리아미노산의 특징이 아닌 것은?

① 일부 성분은 쓴맛 성분과 결합해서 갈색 색소 성분으로 변화한다.
② 당과 반응해서 멜라노이딘 및 향기 성분으로 변화한다.
③ 생두의 0.3~0.8%로서 원두의 향기 형성에 중요한 성분이다.
④ 로스팅 과정에서 황색 색소 성분으로 변화된다.
⑤ 로스팅에 의해 급속히 소실된다.

15. 라떼아트 시 폼 밀크를 부을 때 중요한 포인트라고 보기 어려운 것은?

① 높이   ② 유속
③ 유량   ④ 압력
⑤ 안정된 자세

16. 커피전문점 관리에 있어서 바람직하지 못한 것은?

① 경쟁업체 분석을 수시로 점검한다.
② 업장 규모는 가급적 크게 구성한다.
③ 영업 시간대별 매출분석을 통해 미리 예측한다.
④ 연령, 소득 등 인구통계학 특성에 따라 목표 고객을 분석한다.
⑤ 단골 고객일 경우에는 이름이나 직함을 불러 줌으로써 친밀감을 갖도록 한다.

17. 매장에서 적극적인 서비스로 얻을 수 있는 효과라고 볼 수 없는 것은?

① 홍보비 절감
② 판매수익 증대
③ 저장능력 유도
④ 고객의 재방문
⑤ 구전광고 효과

18. 다음 중 살균포장에 대한 설명으로 가장 옳지 않은 것은?

① 식품을 100℃ 이상으로 가열하면 내열성 세균이라 할지라도 살균이 가능하다.
② 건열살균법은 공기를 가열시켜 식품이나 용기를 살균하거나 미생물을 응고 탄화시키는 방법이다.
③ 간헐살균법은 100℃이상으로 가열하면 모든 영양세포가 살균된다.
④ 증기살균법은 코흐(koch) 살균 솥을 이용하여 물이 끓어서 수증기가 발생될 때 내용물을 넣고 밀폐시켜 100℃로 상승한 후부터 30분간 살균한다.
⑤ 순간살균법은 주로 액체 식품을 순간적으로 살균온도로 노출하는 방법이다.

19. 더치 커피라고 흔히 알려진 추출방법으로 맞는 것은?

① 사이폰
② 워터 드립
③ 이브릭
④ 클레버
⑤ 모카 포트

20. 다음은 블렌딩 할 때의 설명이다. 틀린 것은?

① 맛과 향을 체크하면서 배합 비율을 조정한다.
② 유사한 맛과 향의 원두는 가급적 배합하지 않는다.
③ 되도록 많은 수의 원두를 배합하는 것이 좋다.
④ 생두의 크기, 밀도, 함수율 등을 확인해야 한다.
⑤ 각기 다른 산지의 커피를 블렌딩하는 것이 좋다.

Coffee Baristar

21. 2배(Double)라는 의미의 이탈리아어로, 2잔 분량의 에스프레소를 한 잔에 담은 커피로 맞는 것은?

① 도피오
② 콘 판나
③ 카페 로열
④ 카페 칼루아
⑤ 카페 프레도

22. 다음 에스프레소 머신의 청소주기에 대한 설명으로 가장 거리가 먼 것은?

① 원두통은 일주일에 한번은 전용 세정제로 청소해 주는 것이 좋다.
② 분쇄 날은 분리하여 최소한 일주일에 한 번은 청소해 주는 것이 좋다.
③ 포타필터는 분리하여 매일 청소해주는 것이 좋다.
④ 샤워홀더는 분리하여 매일 청소해주는 것이 좋다.
⑤ 스팀노즐은 하루에 한번만 청소해주는 것이 좋다.

23. 다음 중 융드립에 가까운 감칠맛이 나는 커피를 얻기 위한 목적으로 개발 된 드립퍼는 무엇인가?

① 멜리타 드립퍼
② 하리오 드립퍼
③ 쇼트 드립퍼
④ 칼리타 드립퍼
⑤ 고노 드립퍼

24. 맛있는 커피를 추출하기 위한 조건으로 맞지 않는 것은?

① 조화롭게 볶아진 원두
② 커피바리스타의 추출 기술
③ 볶음도에 적합한 추출기구
④ 추출 직전에 원두 분쇄
⑤ 광물질이 풍부한 경수

25. 커피를 마시고 난 후에 잔을 엎어서 커피가 그리는 모양으로 자신의 앞날을 예측하는 커피점(占)으로 유명한 나라는?

① 체코
② 그리스
③ 이탈리아
④ 콜롬비아
⑤ 오스트리아

26. 커피의 유럽 전파에 관한 설명이다. 틀린 것은?

① 처음에는 만병통치약으로 유럽에 소개되었다.
② 유럽 전파 당시 아랍인에 의해 커피 종자도 자유롭게 거래되었다.
③ 프랑스는 루이 14세가 커피나무를 선물 받으면서부터 전래되었다.

④ 1616년경 네덜란드 상인에 의해 원두가 유럽으로 밀반출 되었다.
⑤ 이탈리아는 르네상스 예술가들을 중심으로 커피가 퍼졌다.

27. 생두의 중간 부분에 골처럼 파인 부분을 무엇이라 하는가?
① 과육(Pulp)　　　　　　　　　② 외피(Outer Skin)
③ 파치먼트(Parchment)　　　　　④ 은피(Silver skin)
⑤ 센터 컷(Center Cut)

28. 식기, 기구의 소독에 이용되는 '자외선 살균' 소독법에 대한 설명이다. 맞는 것은?
① 자외선은 물질의 표면과 내면을 투과한다.
② 살균력은 균의 종류에 상관없이 동일하다.
③ 화학적 부작용이 없다.
④ 살균력이 가장 강한 3,500 자외선을 이용한 살균이다.
⑤ 자외선 온도는 100℃가 넘어야 한다.

29. 커피 추출 시 포타필터 주변으로 물이 흐를 때 조치로 맞는 것은?
① 보일러에 물이 없는지 확인한다.　　② 추출수 온도를 확인한다.
③ 온수 추출밸브를 확인한다.　　　　④ 원두 분쇄 굵기를 확인한다.
⑤ 개스킷의 상태를 확인한다.

30. 생우유에 함유된 지방 알갱이를 부수는 조작을 지칭하는 것은?
① 우유의 고착화　　　　　　　　② 우유의 형상화
③ 우유의 지방화　　　　　　　　④ 우유의 인지화
⑤ 우유의 균질화

31. 다음 중 도저에 대한 설명으로 바르지 못한 것은?
① 분쇄된 원두를 보관하는 역할을 한다.
② 분쇄된 원두를 계량하여 필터홀더에 담아주는 역할을 한다.
③ 일반적으로 도저의 1칸은 3.5~8g까지 조절이 가능하다.
④ 도저는 수시로 청소를 해야 한다.
⑤ 도저 레버의 당기는 위치로 양을 조절하는 것이 가장 간편하다.

32. '왕족의 커피'라는 뜻을 가지며 로맨틱한 감정에 들게 하는 카페로열 제조 시 들어가는 재료로 알맞은 것은?

① 럼(Rum)   ② 브랜디(Brandy)
③ 데킬라(Tequlia)   ④ 위스키(Whisky)
⑤ 아이리시 위스키(Irish Whisky)

33. 수동 그라인더에는 존재하고 자동 그라인더에는 없는 부품은?

① 호퍼   ② 도저 레버
③ 전원   ④ 입자 조절 레버
⑤ 호퍼 게이트

34. 다음 중 배전과 맛의 변화를 적절히 설명한 것은?

① 약배전일수록 단맛이 강하다.
② 약배전일수록 탄맛이 강하다.
③ 강배전일수록 쓴맛이 강하다.
④ 강배전일수록 신맛이 강하다.
⑤ 강배전일수록 단맛이 강하다.

35. 커피 머신에서 떨어지는 물을 받아 배수관으로 흘려주는 받침대의 명칭은?

① 에어 핀   ② 스팀 노즐
③ 바이메탈   ④ 드립 트레이
⑤ 급수 어셈블리

36. 핸드드립으로 커피를 추출 할 경우 여러 가지 힘이 작용한다. 다음 중 발생되지 않는 힘은 무엇인가?

① 탄성력   ② 중력
③ 팽창력   ④ 응집력
⑤ 표면장력

37. 스파웃이 없고 에스프레소 추출 모습을 볼 수 있도록 바스켓의 바닥이 노출된 포타필터는?

① 트리플 레버   ② 더블 헤드
③ 버텀 리스   ④ 백 프레셔
⑤ 탬퍼

38. 다음 중 커피 포장을 신중하게 해야 하는 궁극적 목적과 무관한 것은?

① 판매를 위한 데코레이션　② 맛의 장시간 유지
③ 향의 장시간 유지　　　　　④ 공기 중의 가스 차단
⑤ 공기 중의 습기 차단

39. 다음 중 커핑(Cupping)시 물붓기를 할 때 적정 물의 온도로 알맞은 것은?

① 65~68℃　② 70~75℃
③ 85~90℃　④ 93~95℃
⑤ 96~100℃

40. 다음은 그라인더의 호퍼에 관한 설명이다. 가장 틀린 것은?

① 일반적으로 용량은 2kg을 많이 쓴다.
② Cover(뚜껑)과 원두 투입 레버로 구성된다.
③ 물기가 있는 상태에서 사용해도 무방하다.
④ 원두의 오일 성분이 묻게 됨으로 청결이 중요하다.
⑤ 청소는 세제를 이용하는 것이 좋다.

41. 생두를 배전(로스팅)할 때 일어나는 현상으로 가장 보기 어려운 것은?

① 부피의 증가　② 수분의 감소
③ 중량의 감소　④ 향기의 감소
⑤ 밀도 감소

42. 로스팅 8단계 분류법 중 가장 강한 로스팅 단계로 맞는 것은?

① 이탈리안　② 풀 시티
③ 시나몬　　④ 라이트
⑤ 미디엄

43. 여러 가지 추출 방법에 대한 설명으로 틀린 것은?

① 터키식 커피(Ibrik) - 가장 오래된 추출 기구로 여과를 하지 않으므로 커피 입자를 에스프레소 보다 더 가늘게 분쇄한다.
② 사이폰 - 진공 여과방식으로 추출방법 중 가장 이상적인 향미 성분을 추출하는 방법이다.
③ 모카포트 - 이탈리아 대부분의 가정에서 이용 되며 수증기압을 이용해서 추출한다.
④ 핸드드립 - 드리퍼와 종이필터를 사용하여 추출하는 기법이다.
⑤ 프렌치 프레스 - 저온으로 커피를 추출하는 방식으로 카페인이 용해되기 어렵다.

Coffee Baristar

44. 식품 보존 방법 중 화학처리에 의한 방법이 아닌 것은?

① 염장법 ② 당장법
③ 초절임법 ④ 저온 살균법
⑤ 살균제 처리법

45. 60초 이상으로 30ml 에스프레소를 추출했을 때의 일반적인 특징이다. 다음 중 가장 알맞은 것은?

① 얇은 층의 크레마와 큰 거품 형성
② 얇은 층의 크레마와 검은 띠의 형성
③ 검은색에 가까운 크레마와 하얀 점
④ 강한 단맛
⑤ 얇은 층의 크레마와 하얀 층

46. 용량이 약 75ml로 일반 컵의 반 정도이며 에스프레소를 마시는 전용잔으로 맞는 것은?

① 고블렛 ② 머그 컵
③ 텀블러 ④ 데미타세
⑤ 샷 글라스

47. 다음 중 카페인에 관한 설명 중 틀린 것은?

① 아이스커피를 만들 때 뜨거운 커피에 얼음을 넣어 냉각시키면 백탁현상이 일어나는데 이것은 저온에서 잘 녹지 않은 카페인과 클로로겐산 복합체가 응집, 석출하기 때문이다.
② 커피의 백탁현상을 방지하고 카페인과 클로로겐산 복합체의 응집을 피하기 위하여 얼음에 뜨거운 커피를 넣어 냉각시킨다.
③ 카페인은 심장의 수축력과 심박수를 증가시킨다.
④ 카페인은 낮은 온도에서 잘 녹으며 커피의 쓴맛을 나타낸다.
⑤ 카페인은 융점이 섭씨 238℃이며, 물에 잘 녹는다.

48. 에스프레소 위에 우유거품을 2~3스푼 올려 만드는 메뉴는?

① 카페오레 ② 사케라또
③ 카페 프레도 ④ 카라멜 마끼아또
⑤ 에스프레소 마끼아또

49. 식물학적으로 본 커피에 관한 일반적인 내용을 바르게 설명한 것은?

① 커피나무는 꼭두서니과에 속하는 상록수로, 남아메리카 브라질이 원산지이다.
② 커피열매는 길이 15~18mm의 타원형으로 파치먼트라고 불린다.
③ 아라비카종은 평균 3%, 로부스타종은 약 0.5%의 카페인을 함유하고 있다.
④ 첫 번째 꽃을 피우게 되고 5년 정도가 지나면 수확이 가능하게 된다.
⑤ 아라비카종의 경우 연평균 강우량 1,200~2,000mm의 규칙적인 비와 충분한 햇볕을 받아야 한다.

50. 브라질 로부스타의 95% 이상을 차지한다고 알려진 품종은?

① 마라고지페　　　　　　② 카투아이
③ 카티모르　　　　　　　④ 문도노보
⑤ 코닐론

51. 다음은 크레마에 관한 설명이다. 바르지 않은 것은?

① 크레마는 에스프레소를 추출하는 데 있어 가장 중요한 요소이다.
② 크레마는 에스프레소의 품질을 시각적으로 판단할 수 있는 기준이 된다.
③ 크레마는 영어로 프리마라는 뜻이다.
④ 크레마는 처음 추출될 때는 짙은 갈색이다.
⑤ 크레마의 양은 곧 에스프레소의 품질과 직결 된다.

52. 원두로부터 얼마나 많은 성분을 추출했는지 표현하는 수치는?

① 추출 전도율　　　　　　② 추출 굴절률
③ 추출 용존률　　　　　　④ 추출 교환율
⑤ 추출 수율

53. 수익성 분석 중 인기는 높지만 수익성이 낮은 품목을 개선하는 방법으로 가장 알맞은 것은?

① 판매가를 조금 인상하거나, 품목의 양을 조금 줄여본다.
② 현상유지를 하지만 품목 생산시간이 상당히 걸린다면 메뉴에서 삭제한다.
③ 메뉴에서 삭제하고 신메뉴를 만든다.
④ 고객에게 추천하고 고객의 눈에 잘 보이는 곳에 배치한다.
⑤ 현 상태를 유지한다.

Coffee Baristar

54. 커피 머신 보일러 안에 물과 수증기의 일반적인 비율로 맞는 것은?

① 물 40%, 수증기 60%   ② 물 50%, 수증기 50%
③ 물 60%, 수증기 40%   ④ 물 70%, 수증기 30%
⑤ 물 80%, 수증기 20%

55. 다음은 커피생산지별 명칭이다. 생산되는 대륙이 다른 것은 무엇인가?

① 엑셀소(Excelso)   ② 하라(Harrar)
③ 예가체프(Yirgacheffe)   ④ 시다모(Sidamo)
⑤ 킬리만자로(Kilimanjaro)

56. 커피가루에 물을 머금게 한 후 천천히 추출하는 방법을 흔히 일컫는 말은?

① 부루잉   ② 아이싱
③ 프레싱   ④ 머신닝아이싱
⑤ 커핑

57. 북위 23.5° 북회귀선, 남위 23.5° 남회귀선 사이에 지구를 일주하는 지대에 위치한 70여 개의 국가에서 커피가 생산되는데, 이 지역을 가리키는 말로 바르게 짝지어진 것은?

가. 커피존(Coffee Zone)	나. 커피스팟(Coffee Spot)
다. 커피벨트(Coffee Belt)	라. 커피그라운드(Coffee Ground)

① 가, 나   ② 가, 다
③ 나, 라   ④ 나, 다
⑤ 다, 라

58. 다음은 매장의 안전관리에 대한 내용이다. 틀린 것은?

① 자격 있는 점검자의 점검을 받는다.
② 모든 사고를 기록화 한다.
③ 안전장비를 충분히 구비한다.
④ 출입구, 복도는 되도록 어둡게 한다.
⑤ 안전을 위협하는 요인들을 제거한다.

59. 다음 중 일반적으로 휘핑기에 사용되는 가스는?

① 탄소
② 산소
③ 질소
④ 수소
⑤ 이산화탄소

60. 다음은 커피를 품종 개량하는 이유이다. 틀린 것은?

① 수확량을 늘리기 위해
② 병충해에 강한 품종을 위해
③ 가뭄과 서리에 강한 품종을 위해
④ 생두 사이즈를 가능한 작게 하기 위해
⑤ 높은 환경 적응성을 위해

61. 다음 중 커피음료와 관계가 가장 깊은 법령으로 맞는 것은?

① 식품위생법
② 경제교육 지원법
③ 공사채 등록법
④ 독점규제 및 공정거래에 관한 법률
⑤ 건축서비스산업 진흥법

62. 다음 중 카페인이 인체에 미치는 영향으로 틀린 것은?

① 각성 효과가 있다.
② 신체의 에너지를 생성하는 효과가 있다.
③ 과도한 섭취는 속쓰림을 유발할 수 있다.
④ 이뇨작용을 촉진한다.
⑤ 불면증을 유발하는 경우는 없다.

63. 다음 중 일반적인 카페라떼나 카푸치노에 사용하는 스팀 밀크의 온도로 알맞은 것은?

① 약 85~90℃
② 약 75~80℃
③ 약 65~70℃
④ 약 55~60℃
⑤ 약 45~50℃

64. 펌프모터가 압력이 걸리지 않는 원인으로 가장 거리가 먼 것은?

① 전압이 낮은 경우
② 펌프헤드가 불량인 경우
③ 콘덴서가 불량일 경우
④ 헤르츠(Hz)가 틀릴 경우
⑤ 펌프모터가 불량인 경우

65. 식품 위생관리의 궁극적인 목적으로 맞는 것은?

① 매출 증대
② 질병 예방
③ 메뉴 개발
④ 상권 분석
⑤ 소비자 만족

66. 다음은 추출의 방법을 설명한 것이다. 바른 것은?

> 추출용기 안에 커피가루를 넣고 그 위에 뜨거운 물을 부어 커피 층을 한번 통과 하면서 가용 성분을 추출한다. 대표적으로 핸드드립과 워터드립이 있다.

① 여과추출법
② 가압추출법
③ 우려내기추출법
④ 달임추출법
⑤ 진공추출법

67. 다음 중 분쇄도가 가장 가는 것을 사용하는 기구는 무엇인가?

① 이브릭
② 사이폰
③ 모카포트
④ 핸드드립
⑤ 프렌치 프레스

68. 다음은 우유 스티밍에 관한 내용이다. 틀린 것은?

① 우유는 차가운 것이 유리하다.
② 스티밍 전에 스팀 노즐의 잔여 수분을 제거해 주는 것이 좋다.
③ 스티밍 온도가 너무 높아지면 좋은 결과를 얻을 수 없다.
④ 스티밍 시 스팀 노즐을 전후좌우로 움직여 주는 것이 좋다.
⑤ 메뉴에 알맞은 만큼의 우유를 사용한다.

69. 덜 볶은 생두나 오래 추출한 커피에서 발생하는 맛은?

① 신맛　　　　　　　　② 쓴맛
③ 거친맛　　　　　　　④ 단맛
⑤ 떫은맛

70. 다음 중 (舊)SCAA 커핑 평가에서 가루상태의 냄새를 나타내는 용어로 알맞은 것은?

① 플래버(Flavor)　　　　② 플랫(Flat)
③ 아로마(Aroma)　　　　④ 애프터테이스트(Aftertaste)
⑤ 프레이그런스(Fragrance)

71. 매장 내 일회용컵 사용금지 위반 시 부과될 수 있는 과태료 금액이 아닌 것은?

① 5만원　　　　　　　　② 30만원
③ 50만원　　　　　　　④ 200만원
⑤ 400만원

72. 다음은 커피나무에 관한 설명이다. 틀린 것은?

① 쌍떡잎식물이다.
② 꼭두서니과의 상록수이다.
③ 열매에는 대부분 두 쪽의 씨가 있다.
④ 핵과 외피는 두꺼운 펄프로 싸여 있다.
⑤ 열매 수확량을 늘리기 위해 크기를 높게 자라게 한다.

73. 다음에서 설명하는 아라비카 품종으로 알맞은 것은?

- 1959년 포르투갈에서 개발된 품종
- 커피녹병에 특히 강하고 조기 수확이 가능
- 발군의 성장력과 다수확이 가능하며 생두의 크기는 큰 편
- 이 품종을 기초로 T5175와 T8667 품종이 보급

① 켄트　　　　　　　　② 카티모르
③ 마라고지페　　　　　④ 카투아이
⑤ 문도 노보

74. 드립퍼 내부의 튀어나온 요철 부분의 명칭은?

① 리브
② 추출구
③ 여과지
④ 포트
⑤ 학구

75. 커피 머신에서 커피가 추출되는 속도가 너무 빠를 때 그 원인으로 보기 어려운 것은?

① 분쇄 입자가 클 때
② 수도 밸브가 잠겼을 때
③ 원두 투입량이 적을 때
④ 펌프 압력이 너무 높을 때
⑤ 공기 중의 습도가 낮을 때

76. 다음 중 '카페 콘판나'에 대한 설명으로 틀린 것은?

① '크림 커피'라는 뜻이 있다.
② (사)한국커피바리스타협회의 '커피마스터' 실기시험 제공 메뉴이다.
③ 에스프레소 위에 휘핑크림을 얹어 조리한다.
④ 용량이 큰 머그컵에 조리하여 제공해야 한다.
⑤ 커피 메뉴 중 단맛이 강한 편에 속한다.

77. 매장에서 유니폼을 입는 경우에 관한 설명이다. 틀린 것은?

① 와이셔츠 옷자락이 바지 밖으로 나오게 입는다.
② 명찰이 있다면 정해진 위치에 착용한다.
③ 포켓에 불필요한 것들을 넣지 않는다.
④ 깨끗하고 정해진 것을 착용한다.
⑤ 다림질하여 단정한 느낌을 주도록 한다.

78. 다음 중 일반적으로 많이 사용되는 그라인더 분쇄 날의 크기에 속하는 것은?

① 105mm
② 95mm
③ 80mm
④ 64mm
⑤ 47mm

79. 현재 (사)한국커피바리스타협회 커피바리스타 1급 실기시험에서 요구하는 조리메뉴가 아닌 것은?

① 핸드드립 커피
② 카푸치노 하트
③ 카푸치노 나뭇잎
④ 카페라떼
⑤ 라떼마끼아또

80. 다음 중 에스프레소 머신의 부품이 아닌 것은?

① 포타필터 ② 호퍼
③ 그룹헤드 ④ 드립 트레이
⑤ 스팀밸브

정 답

1	④	2	③	3	⑤	4	②	5	③
6	②	7	⑤	8	④	9	②	10	⑤
11	①	12	⑤	13	⑤	14	④	15	④
16	②	17	③	18	③	19	②	20	③
21	①	22	⑤	23	⑤	24	⑤	25	②
26	②	27	⑤	28	③	29	⑤	30	⑤
31	⑤	32	②	33	②	34	③	35	④
36	①	37	③	38	①	39	④	40	③
41	④	42	①	43	⑤	44	④	45	③
46	④	47	④	48	⑤	49	⑤	50	⑤
51	③	52	⑤	53	①	54	④	55	①
56	①	57	②	58	④	59	③	60	④
61	①	62	⑤	63	③	64	④	65	②
66	①	67	①	68	④	69	⑤	70	⑤
71	⑤	72	⑤	73	②	74	①	75	②
76	④	77	①	78	④	79	④	80	②

커피 바리스타 1, 2급 통합문제 제4회

1. 현재 커피의 원산지라고 가장 잘 알려져 있는 나라로 맞는 것은?

① 터키 ② 브라질
③ 에티오피아 ④ 미국
⑤ 라오스

2. 다음은 커피의 기원설에 관한 이야기이다. 밑줄 친 부분에 들어갈 내용으로 맞는 것은?

> 아라비아의 이슬람교 승려인 _____가 커피를 마신 뒤 전파되었다는 설로서 _____가 아라비아 오우삽(Ousab)으로 추방된 산 속을 헤매다가 한 마리의 새가 빨간 열매를 쪼아 먹는 모습을 보고 그 열매를 따 먹었다는 설이다.

① 윌리엄 유커스 ② 칼디
③ 아비세나 ④ 셰이크 오마르
⑤ 루네스 기원설

3. 세계에서 생산되는 생두의 약 70%를 차지하고 있는 커피 품종으로 맞는 것은?

① 리베리카 종 ② 로부스타 종
③ 아라비카 종 ④ 피베리 종
⑤ 티피카 종

4. "커피의 황제"로 불리는 블루마운틴 커피를 생산하는 나라는?

① 자메이카 ② 과테말라
③ 콜롬비아 ④ 예멘
⑤ 온두라스

5. 커피 추출기구 중 사이폰 방식의 다른 이름으로 맞는 것은?

① 프레셔 포트　　　② 램프 포트
③ 드립 포트　　　　④ 피스톤 포트
⑤ 버큠 포트

6. 다음 중 위험요인을 분석하고 위험에 관계되는 중요한 점을 관리하는 식품안전관리 제도로 맞는 것은?

① HACCP 제도　　② NPS 제도
③ NFSI 제도　　　④ NGO 제도
⑤ LOFOTEN 제도

7. 다음 중 생두를 볶아서 우리가 마시는 원두로 만드는 단계를 일컫는 말로 옳은 것은?

① 건조 단계　　　② 추출 단계
③ 분쇄 단계　　　④ 로스팅 단계
⑤ 도정 단계

8. 일반적인 커피의 보관과 사용에 관한 설명으로 바르지 않은 것은?

① 냉동 보관한 커피를 바로 개봉하여 그대로 두면 이슬이 맺혀 커피 맛의 변질을 가속화 시킨다.
② 개봉한 커피의 경우 남은 커피는 산소와의 접촉을 최소화하기 위해 밀봉을 해두는 것이 좋다.
③ 커피그라인더의 용량이 크더라도 한두 시간 정도의 커피 사용량만을 넣고 사용하는 것이 가장 좋다.
④ 포장 단위는 반드시 커피의 신선도를 고려해야 한다.
⑤ 맛과 향을 오래 유지하기 위해서는 분쇄상태로 보관하는 것이 가장 좋다.

9. 연도별 커피의 역사를 설명한 것 중 거리가 먼 것은?

① 1475년 세계 최초의 커피가게인 키바 한(Kiva Han)이 터키 이스탄불에 생겼다.
② 이탈리아에서 1600년 교황 클레멘스 8세가 커피는 악마의 음료가 아니라 일반 음료라고 선포했다.
③ 1555년 프랑스 파리에서 최초의 커피하우스가 열렸다.
④ 우리나라(한국) 최초의 커피하우스는 손탁 호텔의 '정동구락부' 이다.
⑤ 1652년 런던 최초의 커피하우스를 열었다.

10. 다음 중 각각의 원두가 지닌 특성을 적절하게 배합하는 과정으로 맞는 것은?

① 로스팅　　　　② 블렌딩
③ 커핑　　　　　④ 테스팅
⑤ 에칭

Coffee Baristar

11. 커피의 다양한 맛과 그 맛의 근원이 되는 성분으로 바르지 않은 것은?

① 신맛 - 지방산
② 쓴맛 – 카페인
③ 단맛 - 당질
④ 떫은맛 – 리놀레산
⑤ 짠맛 - 산화칼륨

12. 다음에서 설명하고 있는 커피문화를 가진 국가는?

> • 커피하우스를 통해 다양한 계층의 사람들이 모여 토론하는 공간으로, 커피가 발전하는 문화공간으로 자리 잡았다.
> • 1650년 최초의 커피하우스는 야콥에 의해 열었다.
> • 1688년 에드워드 로이드에 의해 열린 커피 하우스는 현재 보험회사로 발전하였다.

① 독일
② 미국
③ 체코
④ 스페인
⑤ 영국

13. 다음 중 커피의 가공방식에 대한 설명으로 바른 것은?

① 습식법의 가공과정은 건조–펄핑–과육/파치먼트 동시 제거 순으로 이루어진다.
② 건식법은 로부스타를 생산하는 국가들만이 이용한다.
③ 건식법은 생두의 질이 좋고 균일하다는 특징이 있다.
④ 습식법으로 가공된 생두는 건식법으로 가공한 생두보다 맛의 특징에서 산미가 매우 강하게 느껴진다.
⑤ 습식법은 생산단가가 저렴하고 건식법보다 환경오염이 적다는 특징이 있다.

14. 커피 머신 보일러 안에서 물을 데우는 역할을 하는 부품으로 맞는 것은?

① 수위 감지봉
② 히터
③ 에어 밸브
④ 지글러
⑤ 과압력 방지밸브

15. 다음 중 그라인더의 부품에 속하지 않는 것은?

① 플로 메터
② 입자 조절 레버
③ 도저
④ 호퍼
⑤ 플랫 버

16. 다음이 설명하는 커피 머신의 부품으로 옳은 것은?

> - 커피 머신의 소모품이다.
> - 추출할 때 물이나 압력이 밖으로 나가는 것을 막아 준다.
> - 일반적으로 고무와 같은 재질로 되어 있다.
> - 탄력이 없어지거나 물이 새면 교체해 준다.

① 메인 스위치 ② 압력 게이지
③ 그룹 개스킷 ④ 펌프 모터
⑤ 샤워 스크린

17. 생두 또는 분말형태의 볶은 커피를 포장하는데 별도의 장치를 사용하지 않고도 백의 실링 부분을 통해 가스를 배출할 수 있는 경제적인 시스템 포장은?

① 지퍼팩 포장 ② 질소 포장
③ 진공 포장 ④ 밸브 포장
⑤ 원웨이 포장

18. 보기의 조건으로 만들어진 커피를 무엇이라고 부르는가?

> 가. 그린빈(Green Bean) 상태의 생두를 증기로 쪄서 수분율이 50~60%가 되게 한다.
> 나. 솔벤트, 물, CO_2 등을 사용하여 커피와 카페인을 분리한다.
> 다. 커피성분을 넣고 열풍 건조시켜 수분율을 13%로 맞춘다.

① 드립 커피 ② 디카페인 커피
③ 향 커피 ④ 인스턴트 커피
⑤ 모카 커피

19. 커피 머신을 설치할 때 전기에 관한 설명이다. 틀린 것은?

① 적절한 용량의 차단기와 함께 연결하는 것이 좋다.
② 물을 사용함으로 안전을 위해 접지를 하는 것이 좋다.
③ 머신의 전력은 일반 가전제품에 비해 높다.
④ 콘센트는 일반 가정용 콘센트를 사용한다.
⑤ 전선은 전기 용량을 견딜 수 있는 굵기로 사용하는 것이 좋다.

Coffee Baristar

20. 커피의 품종 중 로부스타종에 대한 설명으로 맞지 않는 것은?

① 카페인 함량(1.7~4%)이 많으며 쓴맛이 강하다.
② 병충해에 비교적 강하다.
③ '콩고'가 원산지이다.
④ 서아프리카와 같은 열대삼림지대의 습하고 더운 기후에서 자란다.
⑤ 로부스타종은 모든 것에 잘 견디며 결빙도 예외는 아니다.

21. 전자석의 힘을 이용한 유동추의 동작으로 물의 흐름을 이동/차단/선회하는 장치는?

① 체크 밸브　　　　　　　　　② 에어 밸브
③ 과압력 방지 밸브　　　　　　④ 솔레노이드 밸브
⑤ 수위 게이지

22. 커피 머신 중 우유를 데울 때나 거품을 낼 때 사용하는 것으로서 구멍이 2~5개로 이루어진 것은?

① 스파웃　　　　　　　　　　② 스팀 노즐
③ 스팀 밸브　　　　　　　　　④ 포타필터
⑤ 샤워 홀더

23. 커피 보관을 위해 사용하는 밀폐용기에 관한 설명이다. 바르지 못한 것은?

① 밀폐용기에서 커피가 신선도를 유지하려면 용기 속에 커피가 꽉 차 있어야 한다.
② 밀폐용기 내의 여유 공간이 있더라도 커피가 내뿜은 탄산가스와 향이 가득 차 있어 산패 지연과 향 보존에 어느 정도의 역할을 한다.
③ 밀폐용기를 사용하려면 플라스틱으로 된 것이 좋다.
④ 밀폐용기는 습기의 유입을 막아 커피의 산패를 늦추는 효과가 있으나 소비자의 기대치만큼의 효과를 기대하기는 어렵다.
⑤ 밀폐된 커피용기를 꺼내어 실내온도와 같아지게 한 뒤에 개봉하여 사용하는 것이 좋다.

24. 다음 중 에스프레소 성분이 과다 추출되는 이유로 맞지 않는 것은?

① 커피양이 기준보다 적다.　　　② 분쇄도가 너무 가늘다.
③ 추출수 온도가 너무 높다.　　　④ 머신의 압력이 너무 낮다.
⑤ 추출수 통과 속도가 느리다.

25. 다음 중 휘핑기에 많이 사용되는 가스는 무엇인가?

① 질소
② 탄소
③ 산소
④ 수소
⑤ 이산화탄소

26. 에스프레소 추출 시 커피가 잘 추출되다가 물량이 조절되지 않고 추출 램프가 점멸되는 경우는 무엇이 문제인가?

① 에어 밸브 (Vacuum Valve) 불량
② 역류 방지 밸브 (Check Valve) 불량
③ 스팀 밸브 (Steam Valve) 불량
④ 수위 감지봉 (Auto Fill Probe) 불량
⑤ 플로 메터 (Flow Meter) 불량

27. 원두 분쇄 시 고려해야 할 사항이다. 틀린 것은?

① 커피와 물의 접촉시간을 고려해야 한다.
② 추출 직전에 분쇄하는 것이 좋다.
③ 분쇄 시 미분 억제를 고려해야 한다.
④ 분쇄 시 추출방법까지 생각할 필요 없다.
⑤ 분쇄 전 그라인더의 청결을 유지하는 것이 좋다.

28. 증기의 압력, 물의 삼투압 현상을 이용하여 진공식 유리기구로 추출하는 것은?

① 체즈베
② 모카포트
③ 사이폰
④ 에어로 프레스
⑤ 핸드드립

29. 다음 중 알콜 성분이 들어간 메뉴로 맞는 것은?

① 카페라떼
② 에스프레소 로마노
③ 아이리시 커피
④ 카페 콘판나
⑤ 플랫 화이트

30. 그라인더(Grinder)에 적절한 굵기의 커피를 분쇄하여 배출레버의 움직임에 의해 일정한 양의 커피가 배출되도록 하는 동작을 무엇이라 하는가?

① 그라인딩(Grinding)
② 태핑(Tapping)
③ 팩킹(Packing)
④ 탬핑(Tamping)
⑤ 도징(Dosing)

31. 커피 기계를 사용하여 커피를 추출할 때 너무 천천히 추출 되었다. 이와 같은 현상이 나타날 수 있는 원인과 가장 거리가 먼 것은?

① 원두 분쇄입자가 너무 굵은 경우
② 펌프모터가 불량일 경우
③ 원두 분쇄 입자가 너무 가는 경우
④ 샤워필터가 막혀 있는 경우
⑤ 추출압력이 비정상적으로 낮은 경우

32. 지하수를 에스프레소 기계에 직접 연결해 사용하려고 한다. 이때 다음 중 기계에 치명적인 무기질은?

① 철
② 규소
③ 인
④ 납
⑤ 칼슘

33. 다음 중 에스프레소와 관련이 없는 단어는?

① 빠르다
② Express
③ 데미타세
④ 융 필터
⑤ 9 bar의 압력

34. 라떼아트 시 전용 송곳 따위의 날카로운 도구를 이용하는 기법을 일컫는 말은?

① 팩킹
② 에칭
③ 포인팅
④ 드릴링
⑤ 페인팅

35. 커피 추출 시 펌프에 압력이 걸리지 않는 원인을 설명한 것 중 거리가 먼 것은?

① 콘덴서가 불량일 때
② 펌프 헤드가 불량일 때
③ 원두 입자가 너무 굵을 때
④ 전압이 낮을 때
⑤ 모터가 불량일 때

36. 다음은 커피의 정제법 중 건식법에 대한 설명이다. 틀린 것은?

① 별도의 설비에 대한 투자가 필요하지 않을 수도 있는 방법이다.
② 건조-펄핑-과육/파치먼트 동시제거의 과정으로 진행된다.
③ 체리의 윗부분과 아랫부분을 자주 고루 섞어 주어야 하며, 밤에는 이슬을 피하기 위해 한 곳에 모아 덮개를 씌워주어야 한다.
④ 인건비가 비쌀 때는 건조탑이라는 시설을 이용하여 자연건조시킨다.
⑤ 상대적으로 생산단가가 싸고 친환경적이다.

37. (舊)SCAA의 향미 표현을 설명한 것이다. 알맞은 것은?

> 탄 음식과 비슷한 향기를 표현할 때 사용 하는 용어로 나무를 태울 때 나는 연기의 냄새와 연관되어 있다. 감별사가 진하게 배전(로스팅)한 커피원두를 표현할 때 사용한다.

① 카라멜(Caramel) ② 스파이시(Spicy)
③ 너티(Nutty) ④ 애쉬(Ashy)
⑤ 스모키(Smokey)

38. 다음 중 식품위생법 상 식품위생교육 대상자가 아닌 것은?

① 식품가공업자 ② 식품운반업자
③ 식품보존업자 ④ 인테리어업자
⑤ 식품취급업자

39. 커피 추출기구 중 일반적으로 분쇄된 원두의 입자가 작은 것부터 큰 순서대로 나열한 것은?

| 가. 에스프레소 | 나. 핸드드립 |
| 다. 프렌치 프레스 | 라. 이브릭 |

① 가→나→다→라 ② 가→라→나→다
③ 라→나→가→다 ④ 라→가→나→다
⑤ 라→다→가→나

40. 배전(로스팅) 후 원두의 물리적 변화에 대한 설명 중 옳은 것은?

① 명도값의 증가 ② 부피의 증가
③ 수분 함량의 증가 ④ 휘발성분의 증가
⑤ 무게의 증가

41. 커핑 시 후각평가 항목으로 가장 바르지 않은 것은?

① 원두의 향 ② 분쇄커피의 향
③ 입 속에 퍼지는 커피 향 ④ 추출된 커피의 향
⑤ 커피의 바디감

Coffee Baristar

42. 고객과 대화 시 사용하는 '말씨'에 관한 것 중 틀린 것은?

① 존대어를 사용한다.
② 명령형을 사용한다.
③ 긍정형을 사용한다.
④ 겸양어를 사용한다.
⑤ 표준어를 사용한다.

43. 커피의 향미평가에 관한 용어 중 Dry-Aroma의 의미를 바르게 설명한 것은?

① 로스팅된 원두로부터 기체상태로 발산되는 향기를 의미한다.
② 흙냄새, 텁텁하고 시큼한 맛, 곰팡이 냄새 등 불쾌한 맛과 향기를 의미한다.
③ 특별히 어떤 맛과 향기도 없는 밋밋하고도 약한 맛과 향을 의미한다.
④ 거칠고 조화롭지 못한 맛과 향기를 의미한다.
⑤ 수확하여 가공이 완료된 생두에서 맡을 수 있는 향기를 의미한다.

44. 다음 중 에스프레소 추출 순서를 올바르게 나열한 것은?

> 가. 필터홀더를 그룹에서 뺀다.
> 나. 그라인더 스위치를 작동해서 원두를 분쇄한다.
> 다. 2차 탬핑 - 원하는 강도로 수평을 유지한다.
> 라. 필터홀더에 분쇄커피를 담는다.
> 마. 1차 탬핑 - 1차 탬핑은 약하게 수평을 유지하는 정도로 마무리한다.

① 가→나→다→라→마
② 가→나→라→마→다
③ 나→라→마→가→다
④ 나→라→가→다→마
⑤ 라→가→나→마→다

45. 식자재 관리의 궁극적 목적으로 다음 중 옳은 것은?

① 식자재 수량 파악
② 식자재 품질 향상
③ 원가 절감
④ 식자재 가격 설정
⑤ 식자재 부패도 파악

46. 커피를 마시거나 뱉은 후에 입안이나 혀의 뒤쪽에 남아있는 여운을 뜻하는 말은 무엇인가?

① Flavor(향미)
② Body(바디)
③ Aroma(아로마)
④ Fragrance(향기)
⑤ Aftertaste(후미)

47. 다음 중 핸드드립 추출 시 신선한 원두를 사용할 경우 표면이 부풀어 오르거나 거품이 생기는 원인 성분으로 알맞은 것은?

① 탄산가스
② 아미노산
③ 당질
④ 유기산
⑤ 폴리페놀

48. 다음 중 핸드드립 추출의 4대요소가 아닌 것은?

① 물 붓는 속도
② 추출수의 온도
③ 배전도(로스팅 정도)
④ 드립포트의 종류
⑤ 분쇄도

49. 다음 중 업장의 화재 예방을 위한 방법을 모두 고른 것은?

> ㄱ. 화기 취급 시 당사자는 자리를 비운다.
> ㄴ. 전기기구의 사용 전, 후에 항상 점검을 생활화한다.
> ㄷ. 화재시의 연소 확대를 방지하는 방화문의 작동을 수시로 확인한다.
> ㄹ. 최종 퇴근자는 담당 구역을 점검 후 퇴근한다.

① ㄱ
② ㄱ, ㄴ
③ ㄴ
④ ㄷ, ㄹ
⑤ ㄴ, ㄷ, ㄹ

50. 고객과의 대화 시 말하는 방법이다. 틀린 것은?

① 밝고 명랑한 표정으로 말한다.
② 가능한 한 영어를 많이 사용한다.
③ 말할 때 시선은 고객의 미간을 향한다.
④ 발음은 정확하고 명료하게 한다.
⑤ 항상 웃음을 잃지 않는다.

51. 다음 중 고객에게 메뉴를 추천하는 방법으로 바르지 않은 것은?

① 판매자 위주의 메뉴를 추천한다.
② 계절별 특별 메뉴를 추천하는 것도 좋다.
③ 상황에 맞는 적절한 가격을 고려해서 추천한다.
④ 품목은 구체적으로 선정하여 추천한다.
⑤ 재고 처리를 위한 추천은 삼가 해야 한다.

Coffee Baristar

52. 다음 중 고객 방문 시 인사하는 방법으로 가장 알맞은 것은 무엇인가?

① 업무가 바쁘면 인사를 생략해도 된다.
② 일을 하면서 말로만 인사를 해도 무관하다.
③ 고객이 앉기 직전 인사를 해야 한다.
④ 고객이 주문하는 중에 최대한 큰소리로 모든 고객이 들을 수 있도록 한다.
⑤ 고객이 들어오는 동시에 눈을 맞춰 웃음과 함께 인사를 한다.

53. 커피바리스타가 추출 기구를 항상 청결하게 유지해야 할 이유가 아닌 것은?

① 고객에 대한 최소한의 배려
② 보건 위생학적 이유
③ 정확한 그라인딩과 추출을 위해
④ 법적인 이유
⑤ 최고의 향미를 내기 위해

54. 다음은 고객으로부터 주문을 받는 방법이다. 가장 틀린 것은?

① 메뉴에 사용된 재료, 조리방법까지를 알아야 할 필요는 없다.
② 주문은 정확하고 알아볼 수 있게 기록하는 것이 좋다.
③ 메뉴를 설명할 때는 명료하게 한다.
④ 주문받는 자세는 고개를 약간 숙여서 받는 것이 좋다.
⑤ 주문을 명확히 알아듣지 못한 경우 예의를 갖춰 다시 물어봐야 한다.

55. 원두는 배전 정도에 따라 명도(L)값이 다르게 나타나는데, 다음 중 가장 높은 명도(L)값을 갖는 배전도로 알맞은 것은?

① 풀시티 로스트(Full City Roast)
② 미디엄 로스트(Medium Roast)
③ 라이트 로스트(Light Roast)
④ 프렌치 로스트(French Roast)
⑤ 하이 로스트(High Roast)

56. 다음 중 더치 커피(Dutch Coffee)에 대한 설명으로 가장 알맞은 것은?

① 인도인들에 의해 개발된 방법이다.
② 찬물로 추출하여 만드는 커피이다.
③ 포르투갈 상인들에 의해서 더치 기구가 알려졌다.
④ 뜨거운 물로 추출한 것보다 향미가 많이 증발된다.
⑤ 찬물로 추출하기 때문에 카페인 성분은 전혀 추출되지 않는다.

57. 다음 커피를 배전할 때 일어나는 변화에 대한 설명 중 틀린 것으로만 묶인 것은?

> 가. 가용성 성분이 증가한다.
> 나. 원두의 명도 값은 높아진다.
> 다. 카페인의 양은 현저히 증가한다.
> 라. 원두의 용적 증가율은 점차 감소한다.

① 가, 나 ② 나, 다
③ 가, 다 ④ 다, 라
⑤ 가, 라

58. 최초로 증기압을 이용한 커피 머신을 발명한 사람은?
① 가찌아(Gaggia) ② 파보니(Pavoni)
③ 베제라(Bezzera) ④ 유라(Jura)
⑤ 훼마(Faema)

59. 커피를 많이 마시면 가장 많이 보충해 주어야 할 무기질 영양소로 알맞은 것은?
① 칼륨 ② 단백질
③ 비타민B ④ 인산나트륨
⑤ 칼슘

60. 재질이 스테인리스, 알루미늄 등이고 분쇄된 커피를 추출하기 알맞게 다져주는 도구로 맞는 것은?
① 탬퍼 ② 포타필터
③ 로드 ④ 포트
⑤ 드립퍼

61. 우리나라 최초로 고종황제가 커피를 접한 시기로 알맞은 것은?
① 1845년 ② 1865년
③ 1871년 ④ 1896년
⑤ 1898년

62. 입고된 재료를 저장 관리하는 목적으로 가장 틀린 것은?
① 재료 폐기에 의한 손실을 최소화할 수 있다. ② 적정 재고량을 유지할 수 있다.
③ 재료 출고량을 올바르게 조절할 수 있다. ④ 인기 메뉴를 알아낼 수 있다.
⑤ 재료의 신선도를 파악할 수 있다.

Coffee Baristar

63. 다음 중 라떼아트의 설명으로 맞지 않은 것은?

① 대부분 에스프레소와 우유 두 가지 재료만으로 만든다.
② 벨벳밀크는 스티밍 밀크의 미국식 표현이다.
③ 라떼는 이탈리아어로 우유를 뜻한다.
④ 다른 말로 디자인 카푸치노 또는 커피 디자인 등으로 표현된다.
⑤ 스팀밀크의 질에 따라 맛과 모양의 차이가 많다.

64. 종사원이 갖추어야 할 기본요건이 가장 아닌 것은?

① 봉사성
② 환대성
③ 수익성
④ 청결성
⑤ 정직성

65. 커피바리스타에게 요구되는 업무라고 보기 어려운 것은?

① 친절한 고객 서비스
② 좋은 원두 선별요령
③ 재고 관리
④ 구매 대행
⑤ 매장 청결 유지

66. 카페 마키아또의 배합으로 맞는 것은?

① 에스프레소 + 스팀우유
② 에스프레소 + 휘핑크림
③ 에스프레소 + 우유거품 + 스팀우유
④ 에스프레소 + 우유거품 + 휘핑크림
⑤ 에스프레소 + 우유거품

67. 다음 중 커피추출에 대한 정의를 가장 명확하게 설명한 것은?

① 커피의 모든 성분을 최대한 많이 뽑아내는 것.
② 뜨거운 물을 통과시켜 양질의 성분을 얻는 것.
③ 적은 양의 커피가루로 많은 양의 커피를 뽑아내는 것.
④ 많은 양의 커피가루를 사용하여 소량의 진액만을 뽑아내는 것.
⑤ 향을 최대한 많이 뽑아내는 것.

68. 다음 중 우유 스티밍을 위한 도구와 준비를 위한 설명이 바르지 않은 것은?

① 스팀노즐 – 스티밍 전 스팀노즐에서 물을 빼 주는 행동을 해서는 안 된다.
② 온도계 – 우유의 온도를 확인하기 위하여 준비하는 것이 바람직하다.
③ 우유 – 메뉴에 맞는 우유의 종류를 선택하고, 냉장 보관하여 사용해야 한다.

④ 스팀피처 - 우유의 낭비를 줄이기 위해 우유 사용량에 맞는 스팀피처를 선택해야 한다.
⑤ 행주 - 스팀노즐을 청소하기 위해 젖은 행주를 준비해야 한다.

69. 다음 중 커피바리스타의 용모로 적절하지 못한 것은?
① 항상 머리를 묶어 개인위생 관리를 철저히 한다.
② 항상 단정한 복장으로 고객을 맞이해야 한다.
③ 고객의 이목을 집중시키기 위해 화려한 옷을 입고 고객을 응대한다.
④ 고객에게 불쾌감을 줄 수 있는 과한 화장이나 향수를 사용하지 않는다.
⑤ 개인위생 및 준비 사항을 점검한다.

70. 다음 중 영업 준비를 위해 커피바리스타가 해야 할 일로 가장 적절하지 않은 것은 무엇인가?
① 매출 집계
② 홀 청소
③ 기물 정리
④ 기계 점검
⑤ 커피 확인

71. 다음 중 커피 추출과 관계가 없는 것은?
① 사이폰
② 드립퍼
③ 수동형 주서기
④ 프렌치 프레스
⑤ 모카포트

72. 다음은 그라인더의 중요도에 대한 설명이다. 틀린 것은?
① 커피머신과 더불어 에스프레소 추출의 매우 중요한 부분을 차지한다.
② 에스프레소 추출 시 분쇄도를 결정한다.
③ 그라인더 운용 능력이 맛의 변화에 중요한 역할을 한다.
④ 그라인더는 에스프레소 추출시간과는 무관함을 알아야 한다.
⑤ 에스프레소는 그라인더에서 가장 많은 변화가 일어난다는 말도 있다.

73. 우리나라 커피 역사에 대한 설명으로 틀린 것은?
① 궁중 내에서는 벼슬아치들이 즐겨 마셨다.
② 정동구락부에 커피 가격이 너무 비싸 아무나 마실 수 없었다.
③ 1970년대에 최초의 인스턴트 커피를 생산했다.
④ 독일 여자 손탁이 우리나라 최초의 커피숍을 열었다.
⑤ 고종은 러시아에서 덕수궁으로 돌아온 후 다시는 커피를 찾지 않았다.

Coffee Baristar

74. 우유 거품이 카푸치노에 비해 부풀어 있지 않고 '평평한'이라는 의미가 있는 메뉴로 맞는 것은?

① 커피 샤워
② 스파이스 커피
③ 티 커피
④ 모카 카리엔디
⑤ 플랫 화이트

75. 다음은 생두의 기계수확에 대한 설명이다. 틀린 것은?

① 노동력이 부족한 지역에서 사용하는 방법이다.
② 커피나무가 손상되지 않게 수확하는 최적의 방법이다.
③ 대량의 수확물을 처리하기 위한 시설이 필요하다.
④ 고가의 기계 구입비용이 들어간다.
⑤ 경작지가 넓고 평지인 지역에서 사용된다.

76. 스티밍 시 우유거품이 만들어지는 과정에 필요한 요소가 아닌 것은?

① 온도계
② 수증기
③ 우유 지방
④ 공기 유입
⑤ 열

77. (사)한국커피바리스타협회 커피바리스타 2급 매뉴얼 내용에 들어 있지 않은 항목은?

① 필터홀더 관리 및 장착
② 핸드드립 추출
③ 에스프레소 추출
④ 크레마의 색감
⑤ 커피음료 맛의 밸런스

78. 커피분야 자격증은 법령에 근거하여 발급된다. 밑줄 친 법령에 해당하는 것은?

① 상법의 특별법
② 형법
③ 자격기본법
④ 가족법
⑤ 비송사건절차법

79. '커피바리스타' 자격을 국가공인 자격으로 승격시키고자 할 때, 법령에 따라 반드시 들어가지 않아도 되는 것은?

① 자격의 유효기간
② 자격의 보수교육 내용
③ 자격의 등록번호
④ 자격 취득자의 성별
⑤ 자격증서 발급에 관한 사항

80. (사)한국커피바리스타협회 커피바리스타 2급 필기 검정과목에 속하지 않는 것은?

① 커피학 개론
② 커피 기계학
③ 커피추출 원론
④ 라떼아트 이론
⑤ 매장관리서비스

정 답

1	③	2	④	3	③	4	①	5	⑤
6	①	7	④	8	⑤	9	③	10	②
11	④	12	⑤	13	④	14	②	15	①
16	③	17	⑤	18	②	19	④	20	⑤
21	④	22	②	23	③	24	①	25	①
26	⑤	27	④	28	③	29	③	30	⑤
31	①	32	⑤	33	④	34	②	35	③
36	④	37	⑤	38	④	39	④	40	②
41	⑤	42	②	43	①	44	②	45	③
46	⑤	47	①	48	④	49	⑤	50	②
51	①	52	⑤	53	④	54	①	55	③
56	②	57	②	58	③	59	⑤	60	①
61	④	62	④	63	②	64	①	65	④
66	⑤	67	②	68	①	69	③	70	①
71	③	72	④	73	⑤	74	⑤	75	②
76	①	77	②	78	③	79	④	80	④

커피 바리스타 1, 2급 통합문제 제5회

1. 다음 중 로스팅 기기(머신)의 가열방식에 속하는 것은?

① 압력 조절식　　　　　② 증기 방식
③ 가스 직동식　　　　　④ 직화식
⑤ 피스톤식

2. 다음 내용과 관련이 있는 나라는?

> 에드워드 로이드에 의해 커피하우스가 열렸으며 오늘날 로이드 보험회사로 발전했다.

① 영국　　　　　② 독일
③ 브라질　　　　④ 프랑스
⑤ 이탈리아

3. 사람의 손으로 커피를 수확하는 방법으로만 연결된 것은?

> a. 머천다이징(Merchandising)
> b. 핸드 메이드(Hand Made)
> c. 스트립핑(Stripping)
> d. 핸드 피킹(Hand Picking)

① a-b　　　　　② b-c
③ c-d　　　　　④ a-d
⑤ b-d

4. 우리나라에 1회용 인스턴트 커피가 등장한 시기로 맞는 것은?

① 아관파천 때 러시아 공사에 의해
② 네덜란드에서 돌아온 헤이그 특사에 의해

③ 6 · 25 전쟁 시 미군에 의해
④ 모스크바 3상 회의 때 유엔에 의해
⑤ 일본 망명 후 귀국한 박영효에 의해

5. 다음 중 커피를 보관할 때 가장 고려해야 될 사항이 아닌 것은?

① 생두 생산지
② 산소
③ 보관 온도
④ 습기
⑤ 보관 장소

6. 유연한 플라스틱 필름에 물건을 싸고 내부를 진공으로 탈기함과 동시에 필름의 둘레를 용착 밀봉하는 포장기법은?

① 가스치환포장기법
② 산소포장기법
③ 탈산소제봉입포장기법
④ 무균포장기법
⑤ 진공포장기법

7. 로부스타종 커피에 대한 설명 중 틀린 것은?

① 곰팡이 병에 대한 저항성이 강하기 때문에 인도네시아, 베트남 등 동남아 지역에서 주로 재배되고 있다.
② 생두의 입자가 매우 크고, 품질이 떨어지기 때문에 세계 커피 생산량 비중은 10% 이하이다.
③ 아라비카종에 비하여 풍미는 떨어지지만 재배가 쉽고, 단위 면적당 수확량도 많다.
④ 배전된 원두의 추출수율이 높기 때문에 인스턴트 커피용으로 주로 사용된다.
⑤ 아라비카에 비해 카페인 함량이 많다.

8. 다음 중 커피 생두에 가장 많이 함유되어 있는 성분으로 알맞은 것은?

① 탄수화물(Carbohydrate)
② 단백질(Protein)
③ 미네랄(Mineral)
④ 지질(Lipid)
⑤ 유기산(Organic Acid)

9. 다음 중 로부스타(Coffea Canephora)종의 원산지로 알려진 국가로 알맞은 것은?

① 콩고
② 탄자니아
③ 에티오피아
④ 예멘
⑤ 라이베리아

Coffee Baristar

10. 커피의 신선도를 저해하는 요인 중 가장 관계가 적은 것은?

① 산소
② 햇빛
③ 압력
④ 수분
⑤ 온도

11. 커피의 산패에 관한 설명이다. 가장 바르지 못한 것은?

① 커피의 산패과정은 생산, 유통, 소비의 모든 단계에 걸쳐 진행된다.
② 산패 자체를 방지하는 방법은 없다.
③ 커피의 산패를 지연시키기 위해 다양한 포장 기술도 개발되었다.
④ 커피의 산패는 유통과 소비단계 보다는 생산 단계에서 더욱 심각하게 진행된다.
⑤ 산패는 로스팅 정도, 분쇄입도에 따라 진행이 다를 수 있다.

12. 다음은 어느 커피생산국에 대한 설명이다. 알맞은 국가는?

- 대표적인 커피로는 단연 "타라주(Tarrazu)" 이다.
- 쿠바로부터 이식되면서 커피가 경작되기 시작하였다.
- 타라주 중에서도 "라미니타(La Minita)" 농장의 커피가 최상급으로 알려져 있다.
- 완벽한 맛과 향의 조화, 너무나 완벽하게 깨끗한 생두의 생산으로 찬사 받는다.

① 브라질
② 코스타리카
③ 자메이카
④ 과테말라
⑤ 콜롬비아

13. 커피 머신 보일러 속에 위치하는 아래 그림과 같은 부품의 명칭은?

① 히터
② 스팀 완드
③ 온수 탭
④ PCB
⑤ 플로 메타

14. 커피바리스타가 커피 머신에 대해 가져야 할 태도이다. 가장 틀린 것은?

① 기본 구조를 알아야 한다.　② 추출 원리를 알아야 한다.
③ 관리 방법을 알아야 한다.　④ 부품 기능을 알아야 한다.
⑤ 유통 방식을 알아야 한다.

15. 그룹 헤드가 동(銅) 재질로 만들어진 이유로 가장 타당한 것은?

① 내구성을 높이기 위해서　② 도금이 쉬워서
③ 디자인이 좋아서　④ 온도 유지를 위해서
⑤ 경질 재료로 단단해서

16. 워터드립 추출방식은 어떤 힘의 작용을 이용한 것인가?

① 원심력　② 중력
③ 항력　④ 양력
⑤ 탄성력

17. 커피기계의 설치 시 접지를 연결해야 하는 이유와 가장 거리가 먼 것은?

① 잔류 전류를 흘려보내기 위해　② 기계의 고장 원인을 제거하기 위해
③ 감전 사고를 예방하기 위해　④ 기계의 수명을 늘려주기 위해
⑤ 기계의 소음을 감소시키기 위해

18. 다음 중 그라인더의 날을 청소하는 일반적인 방법으로 가장 바람직한 것은?

① 단시간 물로 세척 후에 완전히 건조한다.
② 물에 담가놓은 후 세제를 이용하여 세척한다.
③ 붓 또는 솔로 적당히 털어준다.
④ 에어스프레이를 사용하여 청소한다.
⑤ 청소가 불가능함으로 교체해야만 한다.

19. 에스프레소 머신의 스팀을 틀 때 스팀에 물이 많이 나오는 현상의 이유로 가장 알맞은 것은?

① 기압이 너무 높을 때　② 스팀 노즐이 막혔을 때
③ 보일러 안의 물이 80% 이상 차 있을 때　④ 보일러의 물이 너무 뜨거울 때
⑤ 바스켓 필터가 막혔을 때

Coffee Baristar

20. 다음 중 커피 향기의 강도를 나타내는 용어가 아닌 것은?
① Rich(리치)
② Woody(우디)
③ Full(풀)
④ Rounded(라운디드)
⑤ flat(플렛)

21. 우유의 성분 중 스티밍 시 폼이 생성되는 원리와 밀접한 관계가 있는 것은?
① 미네랄
② 비타민
③ 나트륨
④ 지방
⑤ 칼슘

22. 매장에서 커피바리스타가 지켜야 할 내용으로 틀린 것은?
① 친절한 매너와 웃음을 잃지 마라.
② 커피 잔은 예열하여 사용하라.
③ 신선한 원두를 사용하라.
④ 깨끗하고 좋은 물을 사용하라.
⑤ 남는 커피는 데워서 온도를 유지하라.

23. 다음은 드립 포트에 관한 설명이다. 틀린 것은?
① 주둥이를 통상 학구(鶴口)라고 한다.
② 배출구는 S자형보다 직선형이 좋다.
③ 배출구가 가늘수록 물의 힘은 약해진다.
④ 사용 후 뒤집어 보관하는 것이 좋다.
⑤ 다양한 재질의 포트가 존재한다.

24. 에스프레소 머신을 이용하여 우유 거품을 만드는 방법으로 바르지 않은 것은?
① 차가운 우유를 사용하는 것이 거품을 형성하기 용이하다.
② 우유의 온도가 70℃ 이상으로 너무 올라가지 않도록 주의한다.
③ 스팀노즐을 깊게 담가 공기의 유입을 차단하는 것이 고운거품을 낼 수 있다.
④ 거품이 형성되면 피처를 이동, 우유를 회전시켜 혼합하여야 고운 거품을 만들 수 있다.
⑤ 큰 거품이 보이는 경우 사라지도록 이동하여 우유와 거품을 혼합시킨다.

25. 에스프레소에 얇게 깎은 레몬 껍질 한 조각을 넣어 만든 음료는?

① 카페 콘파냐 ② 카페 카푸치노
③ 카페 아로마 ④ 카페 로마노
⑤ 카페 플라멩고

26. 에스프레소에 관한 설명으로 바르지 않은 것은?

① 에스프레소의 진정한 매력은 짙은 감칠맛과 폭발적인 향에 있다.
② 에스프레소의 맛과 향은 원두의 단백질 성분 때문이다.
③ 휘발성 향은 에스프레소로 만들어지면서 공기 중으로 방출된다.
④ 이탈리아에서는 에스프레소에 아무것도 첨가 하지 않은 채 그대로 마신다.
⑤ 분쇄 입자의 크기는 에스프레소를 추출하는 데 많은 영향을 미친다.

27. 다음 중 에스프레소 추출시 추출 시간이 길어지면 맛은 어떻게 변화되는가?

① 쓴맛이 강해진다.
② 단맛이 강해진다.
③ 짠맛이 강해진다.
④ 바디가 풍부해진다.
⑤ 부드러운 향이 나온다.

28. 향미평가 중 바디(Body)에 관한 설명으로 알맞은 것은?

① 커피의 산도(Acidity)를 나타내는 용어로 산도가 높은 커피일수록 바디가 강하다.
② 향기를 나타내는 용어로 약배전한 커피에서 더욱 강하게 느낄 수 있다.
③ 커피를 마신 후 혀에 남아있는 커피의 향기를 말한다.
④ 입 안에서 느껴지는 촉감(중후함)과 관련이 깊은 용어로 커피의 오일 성분 등에 의해 느껴진다.
⑤ 후각에서 느껴지는 향의 복합적인 느낌으로 커피가 가지고 있는 향의 조화성 강약 등이다.

29. 사람을 소개할 때의 예절이다. 틀린 것은?

① 소개할 사람들 사이에 위치한다.
② 여성을 남성에게 먼저 소개한다.
③ 자기와 가까운 사람을 먼저 소개한다.
④ 손아랫사람을 손윗사람에게 먼저 소개한다.
⑤ 지위가 있는 경우 지위가 높은 사람에게 소개한다.

Coffee Baristar

30. 커피 매장 직원관리에 대한 설명이다. 틀린 것은?

① 직원 수를 가급적 늘린다.
② 가족경영 형태도 고려할 만하다.
③ 인간적 유대관계를 형성한다.
④ 일정 권한을 주고 임하게 한다.
⑤ 직원의 능률을 높이기 위해 노력한다.

31. 다음 중 물리적 살균/소독에 속하지 않는 것은?

① 자외선 살균　　　② 방사선 살균
③ 알코올 살균　　　④ 열탕 살균
⑤ 고압증기 살균

32. 다음 중 스티밍 밀크의 이탈리아식 표현으로 맞는 것은?

① 생크림 밀크　　　② 파베 밀크
③ 폼 밀크　　　　　④ 라떼 밀크
⑤ 벨벳 밀크

33. 다음 중 핸드드립 중요 추출요소로 보기 어려운 것은?

① 추출수의 속도　　② 물 붓는 속도
③ 배전도(로스팅 정도)　④ 분쇄도
⑤ 드립기구의 청결

34. 다음 중 핸드드립 추출기구로 사용하지 않는 것은?

① 하리오(Hario)　　② 고노(Kono)
③ 가찌아(Gaggia)　　④ 칼리타(Kalita)
⑤ 멜리타(Melitta)

35. 다음 중 식자재 구매 관리의 절차를 가장 올바른 순서대로 연결한 것은?

> 가. 메뉴 생산에 필요한 식자재를 적절한 수량과 질, 가격 등을 고려하여 결정 한다.
> 나. 시장 조사를 바탕으로 품목별로 구매 여부를 결정한다.
> 다. 필요로 하는 식자재에 대한 시장 조사를 실시한다.
> 라. 납품업자와 협상한다.
> 마. 구입한 식자재들에 대한 효용 및 경제성을 평가한다.

① 가→나→다→라→마   ② 가→다→나→라→마
③ 가→나→라→다→마   ④ 가→다→라→나→마
⑤ 가→나→다→마→라

36. 다음 중 효과적인 고객응대 접근 타이밍으로 가장 바르지 않은 것은 무엇인가?

① 고객끼리 대화를 나누고 있을 때 접근
② 고객이 선택에 어려움을 느낄 때 접근
③ 고객이 메뉴에 대해 질문 할 때 접근
④ 고객과 시선이 마주쳤을 때 접근
⑤ 고객이 특정 메뉴에 오랫동안 시선이 머물 때 접근

37. 다음 중 메뉴계획 시 관리자의 관점으로 가장 바르지 않은 것은?

① 비용 대비 최대 이윤을 얻을 수 있는 정도
② 식재료 원가율과 판매가 등을 고려한 예상
③ 식자재 공급시장의 상황
④ 시설, 종업원의 수준이 고려된 알맞은 아이템
⑤ 메뉴의 특색과 영양소적인 측면

38. 다음 중 메뉴개발의 외부적 요인이 아닌 것은?

① 재무적 목표   ② 규제의 완화
③ 경쟁자의 행동   ④ 세계화
⑤ 매출과 시장점유율의 성장

39. 커피체리 안에 생두를 감싸고 있는 딱딱한 껍질을 무엇이라 하는가?

① 실버스킨   ② 센터 컷
③ 피베리   ④ 파치먼트
⑤ 펙틴

40. 커피에 어떤 것의 '첨가 유무'에 따라 분류되는 명칭이 아닌 것은?

① 레귤러 커피   ② 디카페인 커피
③ 스트레이트 커피   ④ 향 커피
⑤ 밀크 커피

Coffee Baristar

41. 커피의 맛과 그 원인 성분으로 틀린 것은?

① 떫은 맛-단백질
② 신맛-지방산
③ 쓴맛-탄닌
④ 단맛-당질
⑤ 바디감-지질과 유기아미노산

42. 연구 결과 발암물질인 "OH-"의 발암성을 억제하는 경향이 있는 커피 속 성분으로 맞는 것은?

① 요산
② 지질
③ 알칼로이드
④ 메틸 크산틴
⑤ 클로로겐산

43. 다음 보기 중 진공포장의 기법으로 볼 수 없는 것은?

① 기계적 압착법(Counterpressure 방식)
② 수증기 취입법(Steam Flush 방식)
③ 노즐(Nozzle) 탈기법
④ 산소(Oxygen) 탈취법
⑤ 스킨 팩(Skin Pack)법

44. 다음에서 설명하고 있는 디카페인 커피의 추출 방법으로 옳은 것은?

- 유해물질의 잔류 문제가 없다.
- 카페인의 선택적 추출이 가능하다.
- 카페인의 함량을 0.02% 이하로 추출이 가능하다.
- 설비에 따른 비용이 많이 든다.

① 염화추출법
② 용매추출법
③ 물추출법
④ 로렐리우스추출법
⑤ 초임계추출법

45. 그라인더 날(Burr) 중 납작하고 평평한 모양의 날로서 가장 보편적으로 사용되는 것은?

① 코니컬 버
② 플랫 버
③ 레이먼드 버
④ 커맨트 버
⑤ 빌 버

46. 그룹 헤드의 개스킷에 관한 설명이다. 틀린 것은?

① 통상 교체 주기는 6~10개월로 본다.
② 뜨거운 열의 영향을 전혀 받지 않는다.
③ 교체 시 치수와 모델을 확인해야 한다.

④ 한계 수명 전에 미리 교체하는 것이 좋다.
⑤ 물이 세는 경우 확인 부품에 속한다.

47. 커피 추출기구 중 사이폰 방식의 다른 이름으로 맞는 것은?
① 프레셔 포트
② 램프 포트
③ 버큠 포트
④ 피스톤 포트
⑤ 드립 포트

48. 증기나 증기압을 이용하여 커피를 추출하는 방식으로 초기의 에스프레소 추출방식은?
① 수압식
② 피스톤식
③ 펌프식
④ 공기압식
⑤ 증기압식

49. 1901년 이탈리아 밀라노에서 증기압을 이용하여 처음으로 머신을 개발해 발표하고 특허를 취득한 사람은 누구인가?
① 루이지 베제라(Luigi Bezzera)
② 아킬레 가찌아(Achille Gaggia)
③ 데지데리오 파보니(Desiderio Pavoni)
④ 달라코르테(Dalla Corte)
⑤ 주세페 밤비(Giuseppe Bambi)

50. 에스프레소 기계 중 에스프레소에 필요한 물을 적절한 온도로 가열하고 저장하는 역할을 하는 장치는?
① 히터
② 개스킷
③ 그룹헤드
④ 포타필터
⑤ 보일러

51. 로스팅 시 생두에 일어나는 변화와 가장 관계가 적은 것은?
① 부피 변화
② 무게 변화
③ 색상 변화
④ 점도 변화
⑤ 수분 변화

52. 생두를 로스팅할 때 가장 많이 감소되는 성분은?
① 카페인
② 탄수화물
③ 수분
④ 지질
⑤ 단백질

Coffee Baristar

53. 커피와 같이 인체의 영양섭취보다는 심리/생리적 욕구를 만족시키기 위한 식품은?

① 생필품　　　　② 기호식품
③ 건강식품　　　　④ 완전식품
⑤ 선호식품

54. 에스프레소 추출 시 분쇄 후 원두를 다지는 단계를 무엇이라고 하는가?

① 태핑　　　　② 탬핑
③ 도징　　　　④ 브루잉
⑤ 에칭

55. 다음 중 커피 양이 제일 많은 메뉴는?

① 리스트레또(Ristretto)　　　　② 에스프레소(Espresso)
③ 룽고(Lungo)　　　　④ 리스트레또 도피오(Ristretto Doppio)
⑤ 룽고 도피오(Lungo Doppio)

56. 다음 중 향미에 대한 표현으로 바르지 못한 것은?

① 나무 냄새(Woody)-목재, 참나무통, 죽은 나무, 마분지와 비슷한 커피 향기
② 견과류 냄새(Nutty)-볶지 않은 땅콩, 도토리, 밤 등 견과류 냄새
③ 와인 향(Winey)-와인을 마실 때 경험하는 향기 맛에 대한 느낌이 드는 커피를 표현
④ 흙내(Earthy)-신선한 흙, 축축한 땅, 부식토의 냄새가 나는 커피를 표현
⑤ 캐러멜 향(Caramel)-구운 빵에서 나는 냄새, 맥아 냄새 등과 비슷한 향기

57. 다음은 배전(로스팅)의 과정 중 어느 것에 관한 설명인가?

> 시티, 아메리칸, 레귤러, 아침 식사용 로스트라 불린다. 다목적이며 미국 사람들이 특히 좋아하며 아침 식사용 또는 우유와 설탕을 넣어 마시는 일반적인 커피에 좋다.

① 다크 로스트(Dark Roast)
② 라이트 로스트(Light Roast)
③ 시나몬 로스트(Cinnamon Roast)
④ 미디엄 로스트(Medium Roast)
⑤ 하이 로스트(High Roast)

58. 인기는 낮지만 수익성이 높은 메뉴가 있을 경우 대처방안으로 틀린 것은?

① 가격을 조금 낮춘다.
② 적극적인 추천 판매를 한다.
③ 재빠르게 다른 메뉴로 교체한다.
④ 메뉴판 최상의 위치에 배치시킨다.
⑤ 매장 입구에 이미지를 붙인다.

59. 고객의 분실물 신고 접수 시 기록하는 사항이 아닌 것은?

① 분실자 성별　　　　② 분실 일시
③ 분실 장소　　　　　④ 보관 담당자
⑤ 분실물 종류

60. 다음 중 커피 매장 위생관리의 범위가 아닌 것은?

① 개인위생　　　　　② 주방위생
③ 식품위생　　　　　④ 정신위생
⑤ 화장실위생

61. 핸드드립 추출 시 일정한 속도와 양의 물을 부었다 할 때, 추출 속도에 영향을 미치는 요소로 가장 거리가 먼 것은?

① 원두의 분쇄도　　　② 드립퍼의 재질
③ 물의 온도　　　　　④ 리브(Rib)의 높이
⑤ 분쇄된 원두의 양

62. 다음 중 핸드드립 추출방법으로 알맞은 것은?

① 여과추출법　　　　② 달임추출법
③ 가압추출법　　　　④ 우려내기추출법
⑤ 진공추출법

63. 다음 식자재 구매계획 수립 시 고려사항이라 볼 수 없는 것은?

① 출하시기(성수기)　② 적정가격
③ 유통기구　　　　　④ 식품규격
⑤ 창고의 형태

64. 다음 중 구매관리의 핵심내용이 아닌 것은?

① 적정 구매량의 결정
② 최적 재료의 구입(품질)
③ 구매가격의 관리
④ 변질, 부패관리
⑤ 구매계획의 수립

65. 영업 준비를 위해 커피기계 점검 시 커피바리스타가 고려해야 할 사항으로 가장 보기 어려운 것은?

① 추출 온도
② 스팀 압력
③ 소비 전력
④ 추출 압력
⑤ 에스프레소 맛 테스트

66. 다음 중 영업 마감 시 점검 사항으로 가장 보기 어려운 것은?

① 일일 정산을 한다.
② 보안시설을 확인한다.
③ 에스프레소 머신 및 그라인더 청소를 한다.
④ 그라인더에 원두를 가득 담아둔다.
⑤ 우유를 발주한다.

67. 다음 중 고객 테이블 정리시 고려 사항이 아닌 것은 무엇인가?

① 고객이 일어나기 전에 미리 정리한다.
② 신속하게 정리한다.
③ 소리가 나지 않게 정리한다.
④ 청결하게 정리한다.
⑤ 다른 고객에게 방해가 되지 않도록 정리한다.

68. 여러 가지 기구 및 기계를 이용하여 커피 성분을 뽑아내는 과정을 일컫는 말로 맞는 것은?

① 가공
② 추출
③ 혼합
④ 분쇄
⑤ 건조

69. 커피가루에 9bar의 압력으로 뜨거운 물을 가하여 짧은 시간 동안 추출한 커피로 맞는 것은?

① 마끼아또
② 에스프레소
③ 아메리카노
④ 카푸치노
⑤ 라떼

70. 아래의 커피수확방법에 가장 부합하는 것은?

> • 노동력이 부족하거나 임금이 비싼 지역에서 주로 이용한다.
> • 브라질에서 처음 개발되어 사용되어지고 있는 수확법이다.
> • 수확물을 선별하는 별도의 처리시설이 필요 하다.
> • 제약조건으로 인해 가능한 지역이 한정되어 있다.

① 핸드피킹(Hand Picking)
② 스트립핑(Stripping)
③ 세미-핸드피킹(Semi-hand Picking)
④ 자연수확(Natural Picking)
⑤ 기계수확(Mechanical Picking)

71. 우리나라 커피 역사에 대한 설명으로 틀린 것은?
① 궁중 내에서는 벼슬아치들이 즐겨 마셨다.
② 정동구락부에 커피 가격이 너무 비싸 아무나 마실 수 없었다.
③ 고종은 러시아에서 덕수궁으로 돌아온 후 다시는 커피를 찾지 않았다.
④ 독일 여자 손탁이 우리나라 최초의 커피숍을 열었다.
⑤ 1970년대에 최초의 인스턴트 커피를 생산했다.

72. 묘목에서 이식된 커피나무가 상품화 가능한 성숙된 열매로 열리기까지 걸리는 기간으로 맞는 것은?
① 4~5년 이상
② 10년 이상
③ 15년 이상
④ 20년 이상
⑤ 25년 이상

73. 다음은 생두의 기계수확에 대한 설명이다. 틀린 것은?
① 노동력이 부족한 지역에서 사용하는 방법이다.
② 커피나무가 손상되지 않게 수확하는 최적의 방법이다.
③ 대량의 수확물을 처리하기 위한 시설이 필요하다.
④ 고가의 기계 구입비용이 들어간다.
⑤ 경작지가 넓고 평지인 지역에서 사용된다.

Coffee Baristar

74. 다음은 로스팅(Roasting)에 대한 일반적 설명이다. 틀린 것은?

① 커피의 향과 맛을 내는 가장 중요한 과정이라 할 수 있다.
② 생두의 특성을 잘 이해하고 있을 때 좋은 결과물을 얻을 수 있다.
③ 과정을 그래프화(Roast Log)하여 자료보관 하는 것도 바람직하다.
④ 생두마다 로스팅 포인트가 거의 일치한다는 점을 알고 있어야 한다.
⑤ 생두 못지않게 로스팅 머신을 이해하는 것 역시 매우 중요하다.

75. 우유 스티밍 시 지방구와 기포층에 대한 설명으로 가장 알맞은 것은?

① 기포층이 없고 지방구의 크기가 서로 다를 때 스팀을 잘한 것이다.
② 기포층이 없고 지방구도 전혀 없을 때 스팀을 잘한 것이다.
③ 기포층이 있고 지방구의 크기가 서로 다를 때 스팀을 잘한 것이다.
④ 기포층이 없고 지방구의 크기가 균일할 때 스팀을 잘한 것이다.
⑤ 기포층이 있고 지방구의 크기가 균일할 때 스팀을 잘한 것이다.

76. 맛이 훌륭한 커피를 만드는 일반적 요소라고 보기 어려운 것은?

① 생두의 품질
② 최신 기종의 머신
③ 추출 기술
④ 블렌딩 기술
⑤ 로스팅 기술

77. 다음 중 커피 추출과 관계가 없는 것은?

① 사이폰
② 드립퍼
③ 수동형 주서기
④ 프렌치 프레스
⑤ 모카포트

78. 우유, 초콜릿, 휘핑크림 등의 부재료를 혼합하여 만드는 커피음료의 총칭으로 맞는 것은?

① 베리에이션 메뉴
② 스티밍 커피메뉴
③ 에스프레소 메뉴
④ 라떼아트 메뉴
⑤ 메카니컬 메뉴

79. 다음은 그라인더의 중요도에 대한 설명이다. 틀린 것은?

① 커피머신과 더불어 에스프레소 추출의 매우 중요한 부분을 차지한다.
② 에스프레소 추출 시 분쇄도를 결정한다.

③ 그라인더 운용 능력이 맛의 변화에 중요한 역할을 한다.
④ 그라인더는 에스프레소 추출시간과는 무관함을 알아야 한다.
⑤ 에스프레소는 그라인더에서 가장 많은 변화가 일어난다는 말도 있다.

80. 우유 거품이 카푸치노에 비해 부풀어 있지 않고 '평평한'이라는 의미가 있는 메뉴로 맞는 것은?

① 커피 샤워
② 스파이스 커피
③ 플랫 화이트
④ 모카 카리엔디
⑤ 티 커피

정 답

1	④	2	①	3	③	4	③	5	①
6	⑤	7	②	8	①	9	①	10	③
11	④	12	②	13	①	14	⑤	15	④
16	②	17	⑤	18	①	19	③	20	②
21	④	22	⑤	23	②	24	③	25	④
26	②	27	①	28	④	29	②	30	①
31	③	32	⑤	33	⑤	34	③	35	②
36	①	37	⑤	38	②	39	④	40	③
41	①	42	⑤	43	④	44	⑤	45	②
46	②	47	③	48	⑤	49	①	50	⑤
51	④	52	③	53	②	54	②	55	⑤
56	⑤	57	④	58	③	59	①	60	④
61	②	62	①	63	⑤	64	④	65	③
66	④	67	①	68	②	69	②	70	⑤
71	③	72	①	73	②	74	④	75	⑤
76	②	77	③	78	①	79	④	80	③

커피바리스타 2급 통합이론(1급·2급) 문제집

2025년 01월 24일 8판 인쇄일
2021년 05월 14일 발행일

지은이	최종대 · 김영아 · 임은정 · 곽봉준 공저
펴낸이	김미아
인쇄처	㈜아이엠애드

펴낸곳   돌샘 **한수북스**
출판등록   제303-2003-000031호
주소   서울 성동구 왕십리로 311-1
전화   02.2281.8013
누리집   www.hansoo.or.kr
ISBN   979-11-85174-60-0

이 책의 내용을 무단으로 인용하거나 발췌를 금지하며, 내용의 전부 또는 일부를 이용하려면 돌샘 **한수북스** 의 서면동의를 받아야 합니다.

파본 및 낙장본은 교환하여 드립니다.
돌샘 **한수북스** 는 도서출판 한수의 새로운 브랜드 로고입니다.